Geboren in der DDR

Till Timmermann

# WIR vom Jahrgang 1983

## Kindheit und Jugend

Wartberg Verlag

# Impressum

**Bildnachweis:**
ullstein bild – Kasperski: S. 6 r.; ullstein bild – Kohr: S. 9 u.r.; ullstein bild – ullstein bild: S. 11; ullstein bild – Mehner: S. 13 u.; ullstein bild – KPA: S. 14 o.; ullstein bild – Team 2: S. 14 u.; ullstein bild – Jansson: S. 20 u.; ullstein bild – Uhlenhut: S. 25 o.; ullstein bild – Scherhaufer: S. 34 o.; ullstein bild – Günter Peters: S. 34 u.; ullstein bild – Gabriele Fromm: S. 35, 46; ullstein bild – Reuters: S. 37; ullstein bild – ddp: S. 52 u.; ullstein bild – Jaffé: S. 53 l.; ullstein bild – Grabowsky: S. 53 r.; ullstein bild – JOKER/Gudrun Petersen: S. 58 o.; ullstein bild – Sawatzki: S. 58 u.; Cover Melodie & Rhytmus, Verlag 8. Mai GmbH Berlin: S. 9; © 2003 Der Kinderbuchverlag in der Verlagsgruppe Beltz Weinheim & Basel: S. 17; Renate Gaulke: S. 30 l.; Karl Heinz Sondergeld, Jork: S. 32 u.; Blümchen Universal PR: S. 42; Bundesministerium für Wirtschaft: S. 43 u.r.; Raúl O. Barrachina, Rio Negro: S. 51 o.; Mec-Pom-Pressebüro, Schwerin, S. 52 o.r.; Europäisches Währungsinstitut, 1997/Europäische Zentralbank 1998: S. 57; Alle übrigen Bilder stammen aus den Privatarchiven der Autoren.

**Wir danken allen Lizenzträgern für die freundliche Abdruckgenehmigung.**
**In Fällen, in denen es nicht gelang, Rechtsinhaber an Abbildungen zu ermitteln, bleiben Honoraransprüche gewahrt.**

2. Auflage 2013

Gestaltung und Satz: Ravenstein und Partner, Verden
Druck: Druck- und Verlagshaus Thiele & Schwarz GmbH, Kassel
Buchbinderische Verarbeitung: Buchbinderei Büge, Celle

34281 Gudensberg-Gleichen • Im Wiesental 1
Telefon: 0 56 03/9 30 50 • www.wartberg-verlag.de
ISBN: 978-3-8313-1983-1

VOR-
WORT

# Liebe 83er!

Erinnerungen an die Jahre der Kindheit und Jugend sind so eine Sache. Selten nehmen wir uns die Zeit, um mit Freunden oder Familienmitgliedern einen Blick zurückzuwerfen. Dabei kann eine Reise in die Vergangenheit viele positive Wirkungen auf Gegenwart und Zukunft haben. „Wer nicht von dreitausend Jahren sich weiß Rechenschaft zu geben, bleibt im Dunkeln unerfahren, mag von Tag zu Tage leben", pries der große Johann Wolfgang von Goethe den Wert des Erinnerns. So weit müssen wir in diesem Buch gar nicht zurückschauen. Uns genügt ein Blick auf die ersten achtzehn Jahre unseres Lebens.

In unserem Geburtsjahr 1983 war Deutschland noch geteilt. Die DDR bereitete sich auf den 34. Jahrestag ihrer Gründung vor, auf den ersten Blick schien die Welt im „real existierenden Sozialismus" in Ordnung. Unter der Oberfläche aber, da brodelte es bereits. Obwohl kein anderes Land des Ostblocks mit einem ähnlichen Lebensstandard aufwarten konnte, wuchs der Unmut in der Bevölkerung. Der vergleichsweise hohe Lebensstandard konnte die fehlende Demokratie und Reisefreiheit zwischen Oder und Elbe nicht vergessen machen. So kam, was kommen musste: Am 3. Oktober, nur vier Tage vor ihrem 41. Jahrestag, hörte die DDR auf zu existieren. Die Wendejahre brachten für alle Familien im Osten große Veränderungen. Unsere Eltern mussten sich bewegen. Es gab kaum einen Arbeitsplatz damals, der sich nicht in Luft auflöste. Neuorientierung war unumgänglich. Wir waren immer dabei und mittendrin! Auch wenn uns die Trennung von alten Freunden und lieben Gewohnheiten mitunter nicht leicht fiel, die Momente des Glücks überwogen. Wie staunten wir über die vielen Veränderungen. Wir tranken keine Club Cola mehr, sondern Coke. Aus Alu-Chips wurde DM. Aus Broiler wurde Hähnchen, aus Nicki wurde T-Shirt. Und aus Boxer wurde Levi s. Unsere Kindheit und Jugend fiel in eine Ära grundlegender politischer und persönlicher Veränderungen. Als Kinder erlebten wir zwischen 1989 und 1990 die Demonstrationen, den ersten Besuch im Westen, die Einführung der D-Mark, das Hereinbrechen einer glitzernden Konsumwelt und das Verschwinden dessen, was für uns DDR bedeutete. Es war eine Zeit voller spannender, aufregender Abenteuer. Erinnern wir uns!

*Till Timmermann* *Ulrich Grunert*

# Willkommen im Leben!

1983-1985

## Das 1. bis 3. Lebensjahr

### Baby im real existierenden Sozialismus

*Warum darf ich nicht weiterplanschen?*

Das waren noch Zeiten damals! Als unsere Mütter mit dicken Bäuchen auf den Tag der Entbindung warteten, waren die Kommunikationsmöglichkeiten noch stark eingeschränkt. In den meisten DDR-Haushalten gab es gar keinen Telefonanschluss. Auch Handys und E-Mail waren noch Zukunftsmusik. Deshalb wurde bei Baby-Alarm die schnelle Hilfe aus der nächsten Telefonzelle oder vom privilegierten Nachbarn (mit Telefonanschluss) herbeigerufen.

# Chronik

**21. April 1983**
Die restaurierte Wartburg in Eisenach wird anlässlich des 500. Geburtstages von Martin Luther wiedereröffnet.

**24. April 1983**
Das ZDF erreicht mit Ausstrahlung der 1. Folge der Serie „Der Denver-Clan", die in Konkurrenz zu „Dallas" anläuft, höchste Einschaltquoten.

**1. Juni 1983**
Die Schriftstellerin Anna Seghers stirbt im Alter von 82 Jahren in Berlin. Ihr Roman „Das siebte Kreuz" ist Schullektüre in der DDR.

**29. Juni 1983**
Durch die Vermittlung des bayerischen Ministerpräsidenten Strauß bekommt die DDR einen Kredit in Höhe von einer Milliarde Mark.

**25. Oktober 1983**
Udo Lindenberg kommt mit seinem „Sonderzug nach Pankow" nach Ostberlin und gibt ein Konzert im Palast der Republik.

**12. Dezember 1983**
Verhaftung von Bärbel Bohley und Ulrike Poppe von der Initiative „Frauen für den Frieden". Nach Protesten werden sie am 24. Januar 1984 freigelassen.

**8. Februar 1984**
Bei den XIV. Olympischen Winterspielen in Sarajewo wird die DDR mit neun Goldmedaillen erfolgreichste Nation. Goldmedaillen gehen u.a. an Katarina Witt im Eiskunstlauf und Jens Weißflog im Skispringen.

**19. Mai 1984**
Der Fußballklub Dynamo Berlin wird zum sechsten Mal in Folge DDR-Fußballmeister.

**4. Oktober 1984**
In der Botschaft der Bundesrepublik in Prag halten sich 150 Ausreisewillige aus der DDR auf. Auch in Bukarest, Warschau und Budapest versuchen DDR-Bürger in den BRD-Vertretungen ihre Ausreise durchzusetzen.

**11. März 1985**
Michail Gorbatschow wird neuer Chef der KPdSU.

**7. Juli 1985**
Der 17-jährige Boris Becker gewinnt das Tennis-Turnier in Wimbledon.

*Frisch gewindelt auf Entdeckungstour.*

Wer einen PKW sein Eigen nennen konnte, war besser dran. Entbunden wurde zu 99 % im Krankenhaus. Unsere Väter durften noch nicht bei der Geburt dabei sein. Die DDR gab sich fortschrittlich, aber beim Baby-Kriegen blieben Mütter und das medizinische Personal lieber unter sich. Warum eigentlich?

## Erinnerungen in Schwarz-Weiß

Spätestens nach einigen Tagen wurden wir aus dem Krankenhaus verabschiedet und landeten im kuscheligen Kinderbett zu Hause. Viele unserer Eltern hatten früh geheiratet, nur wenige verzichteten auf den Trauschein. Wohnraum für junge Familien war knapp, deshalb wohnten viele von uns noch bei den Großeltern. Unsere Väter und Großväter konnten es kaum abwarten und schossen mit dem Fotoapparat

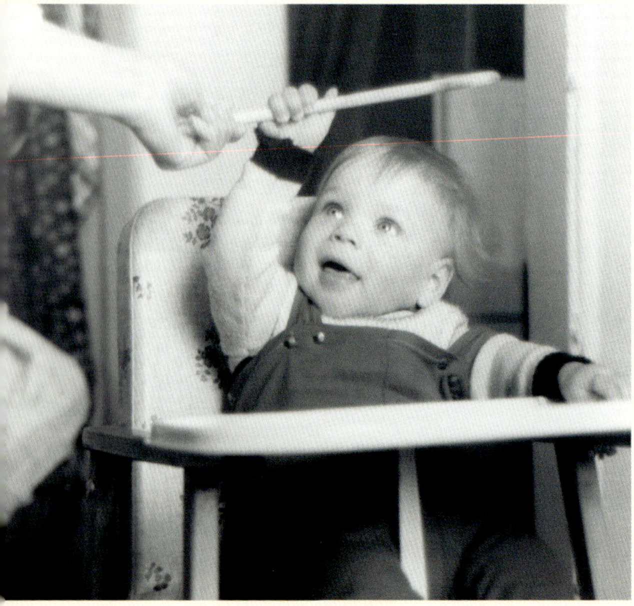

*Erstes Starfoto im Kinderstuhl.*

*Schlangestehen gehörte zum DDR-Alltag.*

die ersten Schappschüsse von uns und den stolzen Müttern fürs Familienalbum. Ob beim Frühstück, nach dem Baden oder beim Ausflug im Kinderwagen – Motive gab es genug. Fotografiert wurde noch in Schwarz-Weiß. Farbfilme waren rar und teuer, wurden in der DDR nur in wenigen zentralen Labors entwickelt.

Während sich die Väter mit unseren ersten Fotos beschäftigten, hatten unsere Mütter ganz andere Probleme. Am Tag verbrauchten wir im Durchschnitt fünf Windeln. Wegwerfwindeln aus Papier waren im DDR-Handel noch nicht im Angebot. So mussten die aus dünner Baumwolle bestehenden Tücher fast täglich mit viel Aufwand gewaschen werden. Erst die Vorwäsche mit der Hand und dann ab in die Waschmaschine! Mit der Zeit sahen die ursprünglich schneeweißen Windeln aus wie graue Scheuerlappen. Jedes einzelne Stück wurde gehegt und gepflegt, denn Nachschub war im Handel schwer zu kriegen. Wie bei vielen andere Dingen des täglichen Bedarfs kam es auch bei Windeln immer wieder zu Versorgungsengpässen.

## Alltag in der DDR

Da lagen wir still, satt und zufrieden in unseren Betten und ahnten nichts von den komplizierten Verhältnissen im geteilten Deutschland. Der Alltag in der DDR unterschied sich stark von dem im größeren Westdeutschland. Zu unterschiedlich waren die Systeme. Wenn auch die DDR-Wirtschaft im Vergleich zu den sozialistischen Partnerländern durchaus ansehnliche Erfolge aufweisen konnte – im Vergleich zum Westen wirkten sie eher ärmlich. Die Möglichkeiten zur Befriedigung individueller Konsumwünsche waren nicht so sehr vom vorhandenen Geld begrenzt, sondern scheiterten oft am ständig spürbaren Defizit des staatlichen

Warenangebots. Es gab niemals Hungersnöte in der DDR, trotzdem baute die Generation unserer Eltern eine Mischung aus Frust und Verbitterung beim täglichen Einkauf auf. Irgendetwas fehlte immer und es waren nicht die später so oft beschworenen fehlenden Bananen, die das Alltagsleben in der DDR so kompliziert machten.

*Farbenfroh: Plakat zum FDJ-Liedersommer.*

## Heißer Sommer 1983

Das Jahr 1983 brachte uns nicht nur den bis dahin heißesten Sommer des Jahrhunderts, sondern auch andere Veränderungen. Die Firma Philips stellte den ersten CD-Player vor. Damit war der Anfang vom Ende von Schallplatte und Kassette als tonangebende Tonträger besiegelt. Das Nintendo Entertainment System kam in Japan auf den Markt, war bald mit 60 Millionen verkaufter Geräte die meistverkaufte Spielekonsole weltweit. Derweilen feierte die Freie Deutsche Jugend den alljährlichen Liedersommer in der Lichtenberger Parkaue. Im Jahr 1983 kam im Westen die erste Computermaus von Microsoft in die Läden. C64 und Amiga 500 machten westdeutsche Spielzimmer zum digitalen Spielplatz – im Osten Fehlanzeige! Nicole Kidman glänzte in ihrer ersten Kinorolle auf einem BMX-Fahrrad

*Mit Mutti und Schwesterchen – im Bauch – unterwegs.*

*Stillleben auf der Hollywoodschaukel.*

in dem australischen Film „BMX Bandits". Auch Jennifer Beals fuhr 1983 im Kino-Welterfolg „Flashdance" ein schnelles Rennrad. In der DDR konnten die meisten von Heimcomputern und heißen BMX-Rädern nur träumen. Nur in wenigen ausgewählten Intershops waren die flotten Räder – ausschließlich für Westgeld – erhältlich. Wir schwitzten derweilen mit Mutti im Park oder Schrebergarten und genossen das traumhaft schöne Sommerwetter.

Früh übt sich, wer ein Rock-Fan werden will …

## Ein überraschender Besuch

Auch in der Politik gab es im Sommer 1983 eine Überraschung: Der bayerische Ministerpräsidenten Franz-Josef Strauß kam zu einem Besuch in die DDR und besuchte am 24. Juli den Staatsratsvorsitzenden Erich Honecker. Ausgerechnet Strauß, der jahrzehntelang Vorkämpfer einer harten Linie in der Ostpolitik war, vermittelte nun einen Milliardenkredit westlicher Privatbanken an das marode DDR-Regime. Im Gegenzug wurden die Schikanen an der deutsch-deutschen Grenze gemindert und Minen und Selbstschussanlagen abgebaut.

*Mit Dreirad und Roller auf Entdeckungsreise.*

Viele Bürger der DDR hatten aber die Hoffnung bereits aufgegeben, dass sich im kleineren Teil Deutschlands noch gravierendes ändern könnte. Die Zahl der Ausreiseanträge stieg seit Jahren. Die Zahl der so genannten „Antragsteller" sollte sich zwischen 1980 (21 500 Anträge) bis 1989 (125 000 Anträge) versechsfachen. Auch viele prominente Künstler kehrten der DDR den Rücken. So schmückte noch im Januar 1983 die Rockband Neumis Rock Circus den Titel der Musik-Zeitschrift „Melodie & Rhythmus". Wenig später ging Bandleader Neumi Neumann, der mit einem zeitkritischen „Broiler-Song" für Gesprächsstoff gesorgt hatte, in den Westen. Zur gleichen Zeit besuchte ein berühmter Künstler aus den USA den Palast der Republik in Ostberlin. „Über die Kunst wollen wir beginnen, die Atmosphäre des Kalten Krieges zu beenden", hoffte Harry Belafonte. Sein Auftritt wurde zum Medienereignis.

## Hits des Jahres 1983

Die Musiker der Gruppe Berluc galten als „Rocker von der Küste", hatten mit „Hallo Erde, hier ist Alpha" einen musikalischen Gruß an den Kosmonauten Sigmund Jähn in die DDR-Hitparade gebracht. Ihr einfacher, aber wirkungsvoller Hardrocker „No Bomb" mauserte sich in unserem Geburtsjahr zum DDR-Hit des Jahres. Trotz der textlichen Schwarz-Weiß-Malerei wegen der Nichterwähnung der russischen SS20-Raketen war er in ostdeutschen Discotheken sehr beliebt: „Hey, Mister President of America! Hey, Mister President, here is a crazy star. Ich bin verrückt, doch so viel weiß ich noch, von dieser Erde hier komm ich nicht los. Und wird die Erde ein großes Bombenloch, liegen wir alle

*Nena heißt eigentlich Gabriele Susanne Kerner, hier mit den Mitgliedern ihrer Band NENA.*

*DDR-Publikumsliebling 1983: Wolfgang Lippert.*

*Kasperle-Theater mit Neumis Rock Circus.*

*Harry Belafonte sang für den Frieden in der Welt.*

*Mit Papa auf dem Weg in die Kinderkrippe.*

*Höhepunkt der Woche: Familientreff mit Kind und Kegel.*

*Omas Topfkuchen schmeckt gut!*

tot in seinem Schoß. Hey, Mister President of America! Hey, Mister President, here is a crazy star. Ich bin verrückt, dass ich gerne sitze auf dem Pulverfass. Ich bin verrückt, doch niemals so verrückt, dass ich mich einfach so umbringen lass. No bomb, no radioactivity! Niemals Euroshima! No bomb, but peace ..." Auf den Plätzen 2 bis 5 folgten City mit „Glastraum", der Puhdys-Song „Sehnsucht", Silly mit „Mont Klamott" und „TV Show" von den Puhdys. Die westdeutschen Charts standen 1983 ganz im Zeichen der Neuen Deutschen Welle. Fünf deutschsprachige Songs belegten 25 Wochen lang die Spitze der BRD-Hitparade: Peter Schilling mit „Major Tom (völlig losgelöst)", Geier Sturzflug mit „Bruttosozialprodukt", DÖF mit „Codo – ich düse, düse im Sauseschritt ...", Nino de Angelo mit „Jenseits von Eden" und Nena mit „99 Luftballons". Nena spielte auch die Hauptrolle im erfolgreichsten Kinofilm des Jahres: „Gib Gas, ich will Spaß!". Im Titelsong wagte ihr Filmpartner Markus eine Prognose, die damals noch niemand ernst nahm: „... und kostet Benzin auch 3 Mark 10, scheißegal es wird schon gehen ..."

## Willkommen in der Kinderkrippe!

„Wenn Mutti früh zur Arbeit geht, dann bleibe ich zu Haus. Ich binde eine Schürze um, und feg die Stube aus ...", so ging ein beliebtes Kinderlied jener Tage. In der DDR herrschte Vollbeschäftigung. Arbeitskräfte waren rar, deshalb mussten die meisten unserer Mütter recht bald wieder zur Arbeit gehen. Auch wenn sie sich gern länger mit uns beschäftigt hätten.

Allein zu Hause konnten wir natürlich nicht bleiben. Deshalb dauerte es nicht lange und wir wurden in der Kinderkrippe angemeldet. Kinderkrippen waren Ganztagseinrichtungen, in denen wir uns im Alter von ein bis drei Jahren vom frühen Morgen bis zum Abend aufhalten konnten, während unsere Mütter ihrer Arbeit nachgingen. Da Teilzeitarbeitsplätze in der DDR kaum angeboten wurden, waren fast alle Frauen vollzeitbeschäftigt. Die wöchentliche Arbeitszeit reduzierte sich für Mütter etwas, lag aber im Durchschnitt noch bei 40 Stunden. Mitte der achtziger Jahre besuchten acht von zehn Kindern eine Kinderkrippe. Fast alle Krippen waren in staatlicher Hand. Jeden Krippenplatz finanzierte der Staat mit mehr als 4000 Mark im Jahr. Unsere Eltern zahlten lediglich einen täglichen Verpflegungszuschuss. Ein „Programm für die Erziehungsarbeit in Kinderkrippen" regelte unseren Tagesablauf bis ins Detail. Die fertigkeitsorientierte Krippenpädagogik bot wenig Raum für Einzelinteressen und spezielle Bedürfnisse, das „Kollektiv" stand auch hier im Vordergrund.

## Aids verbreitet Angst

In unserem Geburtsjahr hatten die Menschen nicht nur Angst vor den tödlichen nuklearen Mittelstrecken-Raketen. „Eine neue Krankheit verbreitet Angst und Schrecken! Sie bedroht auch dich ..." – lautete der Text eines Plakates in Westberlin, auf dem im Mai 1983 zum ersten Informationsabend über Aids eingeladen wurde. Die Abkürzung „Aids" kam aus dem Amerikanischen, stand für „Acquired Immune Deficiency Syndrome", für den „erworbenen Mangel an Abwehrkraft" und sich daraus ergebende Krankheiten. Das Kürzel war für den Gebrauch unter Ärzten ersonnen worden und wurde innerhalb nur weniger Monate zum weltweiten Schreckensruf. Hinter Aids verbirgt sich eine moderne Seuche, eine Epidemie, „die wohl gerade erst richtig beginnt ..." mutmaßten damals Experten des amerikanischen Seuchenkontrollzentrums im US-Staat Georgia. Im August 1983 verstarb der Pop-Countertenor Klaus Nomi in New York. Er war eines der ersten prominenten Opfer der bis dahin fast unbekannten Krankheit.

*Prominentes Aids-Opfer: Klaus Nomi.*

## Der Sandmann – eine Erfolgsgeschichte

Die Geschichte des Sandmännchens begann bereits spektakulär: Am 22. November 1959 gelang dem Deutschen Fernsehfunk in Ostberlin im Kampf um die mediale Vorherrschaft in deutsch-deutschen Wohnzimmern ein Volltreffer. Die TV-Serie „Unser Sandmännchen" startete acht Tage vor der westdeutschen Konkurrenz. Das DDR-Sandmännchen hat sogar die bewegten Wende-Jahre überlebt und schickt mittlerweile seit fünf Jahrzehnten Generationen von Kindern zu Bett. Dem Westsandmann war kein so langes Leben beschert. Sein Erfinder Herbert K. Schulz hatte seine Ausbildung bei der Ostberliner DEFA gemacht. Mit einem Armaturenkoffer ging er in den Westen, darin befand sich das Skelett des Sandmanns. So war das Westsandmännchen eigentlich ein Ost-Import. Nach der Wende sollten sich die Zuschauer in Ostdeutschland von der Identifikationsfigur ihrer Kindheit verabschieden. Doch die Empörung in der Sandmännchen-Fangemeinde war groß. „Wer bringt denn die Kinder jetzt ins Bett?", hieß es bald von Saßnitz bis zum Fichtelberg. Und als die Menschen für das Sandmännchen schließlich sogar wieder auf die Straße gingen und für den Sandmann demonstrierten, hatten die TV-Programmplaner ein Einsehen. Der Sandmann durfte weiterarbeiten, als gesamtdeutscher Sandmann sozusagen. Und so ist er heute nicht nur die älteste, sondern noch immer die erfolgreichste Kinderfigur im deutschen Fernsehen. Jeden Abend schalten durchschnittlich eine Million Zuschauer ein und lassen sich Schlafsand in die Augen pusten.

*Unser Sandmännchen brachte täglich den Abendgruß.*

## Sandmann, lieber Sandmann

Nachdem wir endlich laufen gelernt hatten, freuten wir uns auf die Spaziergänge mit Mama und Papa. Die hatten bei den ersten Gehversuchen ständig ein Auge auf uns gerichtet. Regelmäßig mussten wir uns bei der Mütterberatung vorstellen. Dort bekamen wir im Säuglingsalter unsere erste Impfung gegen Diphterie, Keuchhusten und Wundstarrkrampf. Das gab mitunter viel Geschrei. Zur Belohnung durften wir vor dem Schlafengehen bald unsere erste Fernsehsendung genießen: „Sandmann, lieber Sandmann, es ist noch nicht so weit, wir sehen erst den Abendgruß, ehe jedes Kind ins Bettchen muss, du hast gewiss noch Zeit ...", tönte es von der Mattscheibe. Allabendlich hörten wir nun die bekannte Melodie im Abendgruß des DDR-Fernsehens. Es war die mit Abstand beliebteste Kinder-

*Mit dem geliebten Sandmännchen beim Fototermin fürs Familienalbum.*

sendung des Ostens. Allabendlich, zehn Minuten vor sieben warteten wir auf den Fernsehauftritt unseres geliebten Sandmanns. Wir wussten alle: Erst danach geht es ins Bett!

## Aerobic oder Popgymnastik?

Während wir uns an die Kinderkrippe gewöhnten, wurden unsere Mütter von der Aerobic-Welle angesteckt. Der weltweite Durchbruch dieser Fitness-Bewegung begann, als in den USA Jane Fonda Aerobic als ihr Gymnastikprinzip vermarktete und vor allem bei jüngeren Frauen populär wurde. In Deutschland wurde ab 1983 die singende Schauspielerin Sydne Rome zur Fitness-Ikone. Ihr Aerobic-Programm fand den Weg auf die Schallplatte. Die LP „Aerobic Fitness Dancing" landete überraschend auf Platz eins der westdeutschen Album-Charts. Viele unserer Eltern kauften diese Platte im geliebten Ungarn-Urlaub. In der DDR musste Aerobic aus Gründen der Abgrenzung vom Westen kurzerhand Popgymnastik genannt werden. Die neue Form der sportlichen Bewegung wurde über die Fernsehsendung „Medizin nach Noten" populär gemacht. Täglich wurden in einer Turnhalle – begleitet von flotter Popmusik – Übungen vorgemacht, die von den TV-Zuschauern zu Hause nachgemacht werden konnten. Bald gab es abendliche Popgymnastik-Kurse für unsere Mütter und ihre Freundinnen in jeder angesagten Schulsporthalle. Die Aerobic-Welle ging einher mit bis dahin nicht gesehenen modischen Veränderungen: Knallige Anoraks im Neonlook, Leggins, Stulpen, Blazer mit Schulterpolster, Schweißbänder und Turnschuhe mit Klettverschluss gehörten zur Grundausstattung unserer modebewussten Mütter.

*Aerobic avancierte sogar zur Disziplin beim Turn- und Sportfest der DDR in Leipzig.*

## Prominente 83er

2\. Jan. **Catherine Kate Anne Bosworth,**
US-amerikanische Schauspielerin

11\. Feb. **Rafael Ferdinand van der Vaart,**
niederländischer Fußballspieler

23\. Feb. **Emily Blunt,**
britische Schauspielerin

31\. März **Sophie Hunger,**
Schweizer Songwriterin

15\. Juni **Laura Imbruglia,**
australische Folk-Rock-Sängerin, sie ist die jüngere Schwester von Natalie Imbruglia

15\. Juni **Julia Fischer,**
deutsche Geigerin

18\. Juni **Philipp Poisel,**
deutscher Singer-Songwriter

18\. Aug. **Mika,**
libanesisch-britischer Sänger, Komponist und Produzent

3\. Sep. **Eko Fresh,**
deutschsprachiger Rapper türkischer Abstammung

3\. Sep. **Alexander Klaws,**
deutscher Popsänger und Schauspieler, bekannt geworden durch die TV-Sendung „Deutschland sucht den Superstar"

14\. Sep. **Amy Jade Winehouse,**
britische Soulsängerin, Songschreiberin und Grammy-Gewinnerin

11\. Nov. **Philipp Lahm,**
deutscher Fußballspieler

22\. Nov. **Corey King Beauliey,**
Rock-Gitarrist der Metal-Band Trivium

*Neben ihrer Stimme fällt Amy Winehouse auch durch extravagante Kleidung auf.*

*Philipp Lahm in Aktion. Sein Vertrag beim FC Bayern läuft noch bis 2012.*

## Flashdance und Ringelreihe

Der weltweite Erfolg der Tanzfilme „Flashdance" und „Beat Street" schlug auch im Osten Deutschlands Wellen. Bald trugen viele DDR-Jugendliche selbst genähte knallbunte Jogginganzüge und malten ihre Graffiti mit Pinseln an die Wände, weil es hierzulande keine Spraydosen gab. Breakdancer mussten erfinderisch sein. Sie trafen sich an Straßenkreuzungen, um miteinander und gegeneinander zu tanzen. Einige wurden durch die Volkspolizei eingesperrt, weil sie durch ihr Hobby angeblich „sozialistische Werte in Frage stellten". Aber die Begeisterung der Jugendlichen kannte keine Grenzen. So mussten die DDR-Behörden vor der Bewegung kapitulieren. Breakdance verwandelte sich im offiziellen Sprachgebrauch zum „akrobatischen Showtanz", den man nun auf einmal als „Solidarisierung mit den unterdrückten Minderheiten in den USA" verstand. In FDJ-Jugendklubs und Schul-Arbeitsgemeinschaften wurden Meisterschaften abgehalten. In der Kinderkrippe bekamen wir allerdings von der sprungartigen Begeisterung an den neuen Tänzen wenig mit. Hier waren nach wie vor „Ringel, Ringel, Reihe" und „Der Plumpsack geht um" stark angesagt.

## Der FDGB-Urlaub naht!

An freien Wochenenden wurde die komplette Familie eingeladen und ab ging es mit Opas Auto ins Grüne oder auf Besuch zu Freunden und Verwandten. Ein Anlass, mit dem „Trabbi" der Familie in eine der beliebten Urlaubsregionen der DDR zu rollen, fand sich jeden Sommer aufs Neue. Je nachdem,

*Auf dem Rummelplatz: Kinderträume werden wahr.*

*Wochenendvergnügen: Picknick auf der grünen Wiese.*

*Urlaub an der Ostseeküste: Barfuss in die Sonne!*

*Gleich bebt die Krippe: Wir feiern Fasching!*

wie viel „Schwein" unsere Eltern bei der Verteilung der begehrten Urlaubsplätze durch die Ferienkommission der BGL (sprich: Betriebsgewerkschaftsleitung) hatten. Neben Glück konnten auch hier die berühmten „Beziehungen" eine Rolle spielen. Bei den meisten stand die Ostsee ganz oben auf der Wunschliste, gefolgt von Erzgebirge, Harz und Thüringer Wald.

## Märchen aus der Flimmerkiste

Ein großes Vergnügen bereiteten uns Grimm's Märchen aus dem großen Bilderbuch. Wir folgten atemlos lauschend den Vorlesungen unserer Eltern und Erzieher. Wenn sie über die Abenteuer von Hans im Glück,

*Der DEFA-Märchenfilm „Frau Holle" – beliebt bei Jung und Alt.*

Schneewittchen und Hänsel und Gretel berichteten, waren wir mucksmäuschenstill. Bald freuten wir uns alle auf die wöchentliche Märchensendung im DDR-Fernsehen, in der Märchenfilm-Klassiker wie „Frau Holle“ oder „Drei Haselnüsse für Aschenbrödel“ gezeigt wurden. Der liebevoll gestaltete DEFA-Film „Frau Holle“ von Gottfried Kolditz hatte bereits unsere Eltern begeistert. Er avancierte zum Lieblingsfilm mehrerer Generationen. Zur Faschingsfeier in der Kinderkrippe verkleideten sich die Mädchen gern als Mäuschen, Rotkäppchen oder Schneewittchen. Die Jungen schlüpften lieber in die Rolle von Maulwurf, Zwerg und Räuber, ganz nach dem Motto: Herzlich willkommen im Märchenland! Unsere älteren Geschwister schwärmten stattdessen von David Hassellhoff, der in der Fernsehserie „Knight Rider“ zu überzeugen wusste. Er und sein sprechendes Auto K.I.T.T. waren ab 1985 der erste große Erfolg des neu gestarteten TV-Privatsenders RTL. Für Furore sorgten dort auch Hugo Egon Balder und Hella von Sinnen mit der Klamauk-Show „Alles nichts, oder?!“. Die sonnabendliche Tortenschlacht war aufgebaut wie ein durchgeknallter Kindergeburtstag.

## Der kleine Angsthase

Die Geschichte vom kleinen Angsthasen war einfach wunderbar! Wir liebten die Geschichte vom Hasen, der lernt, nicht mehr wegzulaufen, sondern seine Angst zu besiegen. In der DDR hat das Kinderbuch von Elizabeth Shaw Geschichte geschrieben. Es erlebte über 20 Auflagen, mehr als 900 000 Exemplare wurden bis 1990 verkauft. Elizabeth Shaw stammte aus Irland und übersiedelte mit ihrem Mann, dem Maler René Graetz, nach Ostberlin. Hier gelangte sie mit ihren insgesamt 23 Kinderbüchern zu großer Popularität. Außerdem illustrierte sie Texte Bert Brechts und Geschichten von Mark Twain, James Krüss und Astrid Lindgren.

*Geliebtes Kinderbuch: Der kleine Angsthase.*

# Willkommen im Kindergarten!

1986–1988

## Das 4. bis 6. Lebensjahr

### Neue Freunde, neue Spiele

Wir staunten, wie die Zeit vergeht! Da waren wir nun bereits drei Jahre alt und unser Aktionsradius wurde größer und größer. Wir hatten Spielkameraden in der Nachbarschaft entdeckt, spielten nun gemeinsam Vater, Mutter und Kind, Verstecken oder Höhlenbauen.

*Auf zur kleinen Friedensfahrt!*

# Chronik

**14. Februar 1986**
In Bonn beginnen Beratungen zwischen SPD und SED über eine atomwaffenfreie Zone in Europa.

**15. März 1986**
Zusammentreffen von Helmut Kohl mit Erich Honecker am Rande der Trauerfeier für den ermordeten schwedischen Ministerpräsidenten Olof Palme in Schweden.

**26. April 1986**
Die Reaktor-Explosion im sowjetischen Kernkraftwerk Tschernobyl wurde zum folgenreichsten Unfall in der Geschichte der friedlichen Nutzung der Kernenergie.

**6. Mai 1986**
Unterzeichnung des Abkommens über kulturelle Zusammenarbeit zwischen DDR und Bundesrepublik Deutschland in Ostberlin.

**28. Januar 1987**
Das SED-Zentralorgan NEUES DEUTSCHLAND veröffentlicht eine Rede Gorbatschows ohne die von ihm geäußerte scharfe Kritik an seinen Amtsvorgängern.

**8. Juni 1987**
Zusammenstöße zwischen Jugendlichen und der DDR-Volkspolizei am Brandenburger Tor während eines Rock-Konzertes.

**7. September 1987**
Offizieller Arbeitsbesuch Erich Honeckers in der Bundesrepublik Deutschland.

**14. März 1988**
Während der Leipziger Frühjahrsmesse kommt es unter den Augen westlicher Journalisten nach einem Friedensgebet in der Nikolaikirche zu einer Demonstration in der Innenstadt.

**15. August 1988**
Aufnahme diplomatischer Beziehungen zwischen der DDR und der Europäischen Union.

**17. November 1988**
100 Verhaftungen im Umfeld der Luxemburg-Liebknecht-Demonstration der SED in Berlin. Ausreisewillige und Bürgerrechtler zeigen Losungen wie „Freiheit ist immer Freiheit der Andersdenkenden (Rosa Luxemburg)". Beginn einer Verhaftungs- und Ausbürgerungswelle.

*Schöne Sommertage auf dem Campingplatz.*

Auf dem coolen Roller fühlten wir uns besonders wohl. Bald erkundeten wir auf zwei oder drei Rädern die Nachbarschaft. Natürlich waren unsere neuen Freunde bei den Erkundungstrips dabei. Im Frühling wurden wir von der allgemeinen Begeisterung für den „Course de la Paix" – die Friedensfahrt – angesteckt. Mit Dreirad, Fahrrad oder Kinderwagen ging es auf zur kleinen Friedensfahrt! Dabei war es gar nicht so wichtig, wer am Ende als Erster durchs Ziel marschierte. Hauptsache, wir waren dabei, denn die Sache machte einen Riesenspaß! Von der Kinderkrippe hieß es nun, langsam Abschied zu nehmen. Wir waren alt genug für den Kindergarten. Doch vorher ging es erst einmal gemeinsam mit unseren Eltern auf in die Sommerferien!

## Amplers und die Friedensfahrt

Die Internationale Friedensfahrt oder wie international bezeichnet, der „Course de la Paix" war das international bedeutendste Amateur-Radrennen Mitteleuropas. Das Etappenrennen galt als die „Tour de France des Ostens". Die Dreiländer-Rundfahrt durch Polen, die CSSR und die DDR wurde weitgehend von den Staatsamateuren der osteuropäischen Länder beherrscht. Die teilnehmenden westeuropäischen Nationalmannschaften konnten nur mit Nachwuchsfahrern, die keinen Profistatus hatten, starten. Das Idol der 80er Jahre war der Radrennfahrer Klaus Ampler. Von 1987 bis 1989 konnte er als erster und bis heute einziger Fahrer dreimal in Folge die Friedensfahrt für sich entscheiden. 1986 wurde er Straßenrad-Weltmeister der Amateure. 1988 gewann er mit dem DDR-Straßenvierer die olympische Goldmedaille in Seoul. Auch sein Vater Klaus Ampler hatte 1963 die Friedensfahrt gewonnen. In den letzten Jahren der DDR galt Uwe Ampler als einer der besten Rad-Amateure der Welt.

*Das Logo der Friedensfahrt „Berlin – Prag – Warschau" 1987.*

## Kindergarten für alle

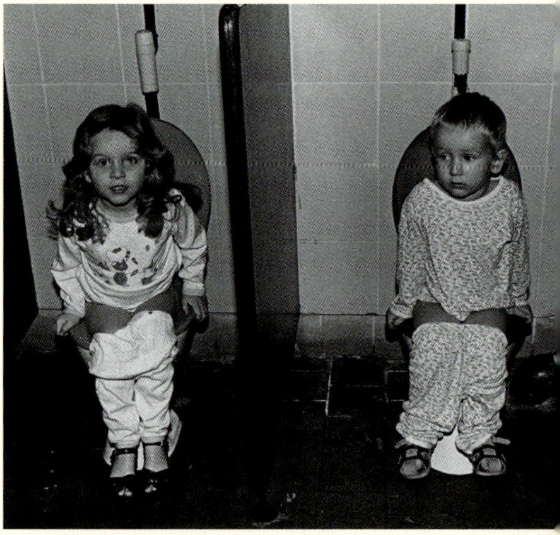

*Auch der (gemeinsame) Toilettengang war Teil unserer Kindergartenerziehung.*

Auch wenn der erste Kindergarten bereits im Jahr 1840 eröffnet wurde, so richtig in Schwung kam die Idee des Thüringers Friedrich Fröbel erst in der DDR. Da es zu wenige männliche Arbeitskräfte gab, wurden die Mütter bereits im ersten DDR-Jahrzehnt umworben, um berufstätig zu werden. Doch wer sollte sich um uns Kinder kümmern? So gründeten die volkseigenen Betriebe eigene Kindergärten, aber auch Städte und Gemeinden agierten als Betreiber. Ehe Mutter und Vater früh zur Arbeit gingen, brachten sie erst einmal den Nachwuchs in den Kindergarten. Der war nicht nur dafür da, den Müttern tagsüber die Kinderbetreuung abzunehmen, sondern galt auch als vorschulische Erziehungseinrichtung und war dem Ministerium für Volksbildung unterstellt.

*Rotkäppchen trifft Traumprinz aus 1001 Nacht.*

Im Kindergarten sollten wir „zur Schulreife geführt" und von klein auf zur „sozialistischen Moral" erzogen werden.

## Geregelter Tagesablauf

Unser Tagesablauf im Kindergarten war geregelt wie ein Uhrwerk. Die gemeinsamen Mahlzeiten und das Spielen gehörten ebenso dazu wie die tägliche Bettruhe, das Waschen und das Zähneputzen. Auf Sport, Bewegung an der frischen Luft und gesunde Ernährung wurde geachtet. Während wir malten, achteten unsere Erzieherinnen darauf, wie wir den Pinsel hielten. Durch Turnübungen sollten gezielt unsere motorischen Fähigkeiten geschult werden. Auch Musikinstrumente wie Triangel, Blockflöte oder Trommel durften wir ausprobieren. Bei allen erzieherischen Vorgaben kam das Spielen nicht zu kurz. Besonders beliebt waren nach wie vor die Faschingsfeiern. Unsere Verkleidungen hatten sich teilweise geändert – während die Jungen jetzt vorzugsweise als Indianerhäuptlinge oder Cowboys erschienen, brillierten die Mädchen nach wie vor in der

*Bummi hatte regelmäßig seinen Fernsehauftritt.*

*Unsere Lieblinge: Schnatterinchen, Bummi und Pittiplatsch.*

Rolle von Märchenprinzessinen verschiedenster Couleur. Wir Kinder sollten in der Gruppe das Bedürfnis entwickeln, freundschaftlich miteinander umzugehen. „Was für die Gruppe gut ist, ist auch für den Einzelnen gut", lautete die Botschaft. Natürlich wurde im Kindergarten auch oft und gern gesungen. Eines unserer Lieblingslieder handelte von einem kleinen Teddybären, der sich in der DDR überaus großer Beliebtheit erfreute.

## Bummi – ein Freund der Kinder

„Kommt ein kleiner Teddybär aus dem Spielzeuglande her. Und sein Fell war wuschelweich – alle Kinder rufen gleich: Bummi, Bummi, brumm, brumm, brumm ..." – im Osten Deutschlands kennt fast jeder dieses Lied. Auch für uns war er ein guter Freund: Bummi, der sonnengelbe Teddybär. Das wuschelige Bärchen mit dem Lachen im Gesicht hat unsere Kinderzeit begleitet. Die gleichnamige Zeitschrift erschien zum ersten Mal am 15. Februar 1957 und war bald überaus beliebt. Bummi agierte fast ganz ohne Zeigefinger, versuchte Freundlichkeit und Toleranz anderen gegenüber als Wert zu vermitteln. Vordergründige Propaganda war hier selten zu spüren. Natürlich wurden Frauentag, Kindertag und andere Ehren- und Feiertage der DDR im Heft thematisiert, aber die gehörten damals zum Jahreskalender dazu wie Ostern, Weihnachten und Neujahr.

## Wir feiern Kindertag!

Alljährlich war der 1. Juni ein ganz besonderer Tag für uns Kinder. Wir feierten unseren eigenen Feiertag – den Kindertag. Im Westen kaum bekannt und gesellschaftlich nicht sonderlich verankert, war der Kindertag im Osten ein herausragendes Ereignis für Kinder und Eltern. Bereits zum Frühstück wurden wir mit Gratulationen und kleinen Geschenken seitens der Eltern überrascht. Auch im Kindergarten wurde kräftig gefeiert. Es gab Tee und Zuckerkuchen und wir durften uns unsere Lieblingsspiele wünschen. So spielten wir Völkerball und die älteren Jahrgänge unterhielten die Kleinen mit einem Überraschungsprogramm aus eingeübten Liedern, Sketschen und Zaubertricks. Noch heute hält sich die Tradition des Kindertages in den neuen Bundesländern.

*Höhepunkt zum Kindertag: eine Schiffsbesichtigung!*

## Geschichte des Kindertags

Der Kindertag ist keine Erfindung der DDR, sondern weltweit verbreitet. Als erster Staat der Moderne hat die Türkei unter Mustafa Kemal Atatürk im Jahr 1920 den „Tag des Kindes" eingeführt. Der internationale Kindertag geht zurück auf die Weltkonferenz für das Wohlergehen der Kinder, zu der im August 1925 Vertreter aus 54 Staaten in Genf zusammenkamen und eine Erklärung zum Schutze der Kinder verabschiedeten. Im Anschluss führten viele Regierungen einen Kindertag ein. Damit sollte ein weltweites Zeichen für Kinderrechte gesetzt werden. In der DDR wurde der Kindertag im Jahr 1950 eingeführt, war fortan ein herausragendes jährliches Ereignis im Leben der Kinder.

## Ersehntes Wochenende

Das Wochenende stand bei den meisten zu DDR-Zeiten ganz im Zeichen der Familie. An den beiden arbeitsfreien Tagen gab es feste Rituale, denen sich alle Familienmitglieder gern und freiwillig unterordneten. So waren die gemeinsamen Mahlzeiten im Kreise der ganzen Familie ein Höhepunkt der Woche. In der warmen Jahreszeit ging es raus in den Garten, in der Datsche gab es immer etwas zu tun. Auto und Garage waren besonders für unsere Väter und Großväter ein wichtiger Tummelplatz. Da

*Junge, mach mal Pause!*

*Brachte viel Spaß: Weihnachtsfeier in Papas Betrieb.*

*Hatte in der DDR ein langes Leben: West-Adventskalender.*

es viel zu wenige Autowerkstätten gab, hieß es auch hier: Selbst ist der Mann! Ausflüge mit dem eigenen fahrbaren Untersatz waren für viele junge Familien eher die Ausnahme. Zu lange dauerte das Warten auf den ersten eigenen PKW. In Stadt und Land machten wir gern mit unseren Eltern einen Sonntagsspaziergang. Dabei fiel oft ein Eis oder ein Kinobesuch ab. Unverzichtbar war auch die sonntägliche Kaffee-und-Kuchen-Runde im Kreise der Familie. Sie endete oft mit einer Partie Mensch-ärgere-dich-nicht oder Monopoly. Auch wenn es Letzteres in keinem DDR-Laden zu kaufen gab, war es hier überaus beliebt.

## Oh du fröhliche!

Die Weihnachtszeit begann auch in der DDR weit vor den Adventstagen. Allerdings stolperte man hier nicht bereits im Oktober über Berge voller Schokoladen-Weihnachtsmänner und Schokokringel. Ganz im Gegenteil! Da der Mangel an weihnachtstypischem Naschwerk in vielen Gebieten der DDR weit verbreitet war, mussten sich unsere Eltern etwas einfallen lassen, um die lang ersehnten Überraschungen fürs Fest ranzuschaffen. Dienstreisen nach Berlin oder Leipzig waren für unsere Eltern eine willkommene Gelegenheit, um auf die Jagd nach geeigneten Geschenken zu gehen. Berlin als Hauptstadt der DDR und Leipzig als Messestadt wurden sehr viel besser mit Konsumartikeln versorgt als jene Regionen, in denen sich Ausländer seltener sehen ließen. Schließlich hatte die DDR einen Ruf zu verlieren. Bei der Masse der DDR-Bevölkerung lag dieser Ruf jedoch schon lange am Boden. Adventskalender waren in der DDR Mangelware. Deshalb wurde das seltene Westexemplar wie ein Augapfel gehütet und Jahr für Jahr von Oma aufgehängt. Viel Spaß bereiteten uns die Betriebsweihnachtsfeiern, die alljährlich in der Betriebskantine von Mama und Papa abliefen. Neben dem Auftritt des Weihnachtsmannes, einem Märchenspiel oder Zauberer-Auftritt gab es hier bereits die ersten Geschenke noch vor dem „Heiligen Abend".

*Zu DDR-Zeiten beliebt: Weihnachtsmarkt am Alexanderplatz.*

*Lieber, guter Weihnachtsmann, im Moment fällt mir kein Gedicht ein ...*

Das eigentliche Weihnachtsfest war das Fest der Familie. Alle Generationen saßen am Tisch und freuten sich über unsere strahlenden Augen beim Geschenkeauspacken. Mitunter lag neben der Sandmann-Puppe und der Piko-Eisenbahn auch eine Hörspiel-Kassette mit Bibi Blocksberg oder Benjamin Blümchen unterm Weihnachtsbaum. Omi hatte bei ihrer letzten Westreise tatsächlich dran gedacht. Schnell in den Stern-Radiorecorder damit und zugehört! Wieder einmal hatte sich all die Mühe vor dem großen Fest gelohnt!

## Sorgenkind Planwirtschaft

Die Methoden der staatlichen Planwirtschaft stießen bei der Bedarfsbefriedigung der Bevölkerung immer wieder an ihre Grenzen. Von Beginn an ließ sich die DDR-Staatsführung zu utopischen Träumen hinreißen: „Bis 1961 wird Westdeutschland im Pro-Kopf-Verbrauch an Lebensmitteln und den wichtigsten Konsumgütern überholt werden", versprach man bereits in den 50er Jahren. Das Angebot an den begehrten Konsumartikeln blieb aber unkontinuierlich und schwer berechenbar. Am schlechten Ruf des DDR-Handels änderte sich über die Jahrzehnte hin wenig. Die Sehnsucht vieler DDR-Bürger nach raren Konsumartikeln ging einher mit der wachsenden Faszination der D-Mark, die für viele schon längst mehr als ein westdeutsches Zahlungsmittel war, eine Art zweite DDR-Währung. Schwarzhandel mit D-Mark oder der Umtausch von Ostmark in Forumschecks waren alltäglich und gehörten in den achtziger Jahren zum DDR-Alltag. Entwickelte der geringere materielle Wohlstand gegenüber dem florierenden „Wirtschaftswunder" im Westen Deutschlands bei unseren Großeltern noch Tugenden wie Gemeinschaftssinn, Bescheidenheit und Nachbarschaftshilfe, wollten unsere Eltern endlich ihre Bedürfnisse befriedigen können. Fleiß, Kreativität und Einfallsreichtum mussten der vorhandenen Mangelwirtschaft entgegengesetzt werden. Für unsere Eltern wurde ein Satz zum geflügelten Wort: „Beziehungen schaden nur dem, der keine hat."

*Die Mauer im kritischen Blick: Berlin-Postkarte aus dem Jahr 1987.*

*Ostberlin-Trip 1988: Blick auf Mauer und Brandenburger Tor.*

## Die Ausreisewelle

Die Unzufriedenheit mit den politischen Bedingungen in der DDR war für viele der Hauptgrund, die DDR zu verlassen. An zweiter Stelle folgte der niedrige Lebensstandard gegenüber der Bundesrepublik Deutschland. Auch der Unmut über die desolate Wirtschaftslage, die wachsende Umweltproblematik, die unbefriedigenden Wohnbedingungen und nicht zuletzt die Beschränkung der Reisefreiheit waren Gründe. Das starre Erziehungs- und Bildungssystem, mangelnde Freizeitmöglichkeiten, ungenügende Verkehrs- und Kommunikationsverhältnisse sowie eine nicht immer ausreichende Gesundheitsversorgung wurden als Gründe für den Ausreisewunsch genannt. Die Antragsteller wurden im Verlauf der achtziger Jahre allmählich zu einer Massenbewegung. Auch wenn bis zum Jahr 1983 jedes Übersiedlungsersuchen als rechtswidrig eingestuft wurde und bis 1989 keine rechtlich wirksame Anerkennung dieses Grundrechts erfolgte, ließen sich immer weniger Ausreisewillige davon abschrecken. Durch das rapide Ansteigen der Ausreiseanträge entschlossen sich die DDR-Behörden, erstmals im Jahr 1984 ca. 30 000 Antragstellern die Übersiedelung in den Westen zu gestatten. Im Jahr 1988 folgte eine zweite große Welle mit 25 300 Genehmigungen. Man hoffte, das Unruhepotenzial zu beseitigen, doch das Gegenteil trat ein. Die erteilten Ausreisegenehmigungen ermutigten viele andere, ihrerseits einen Antrag zu stellen. Die DDR stand am Scheideweg.

# Die Wende – alles ändert sich!

1989–1992

## Das 7. bis 10. Lebensjahr

### Auf in den Urlaub!

„Was machen wir im Sommerurlaub?", diese Frage wurde von unseren Eltern bereits im Winter heiß diskutiert. Wenn die DDR-Staatsführung den gewerkschaftlich organisierten Familienurlaub auch regelmäßig als Errungenschaft feierte – die angebotenen Plätze reichten nie aus. Unschlagbar waren allerdings die Preise. So kostete beispielsweise ein Sieben-Tage-Urlaub im Harz nur 17,50 Mark pro Person. Als beliebtestes Urlaubsland galt Ungarn. Voll gepackt bis unters Dach zogen jeden Sommer ganze Trabant-Karawanen gen Balaton, um Sonne, Paprikagulasch und ausgewählte Westwaren zu genießen. Kuba oder Jugoslawien wären auch schön gewesen. Aber solche Reisen blieben einem kleinen Kreis von Auserwählten vorbehalten. Was für Westdeutsche die italienische Riviera oder die Türkei, waren für unsere Eltern das Schwarze Meer oder der ungarische Plattensee. Wer privat auf die Krim, nach Ungarn oder Bulgarien reisen wollte, brauchte Geld, Geduld und einen guten Leumund, um das begehrte Visum zu ergattern. Im Winter war die Auswahl an FDGB-Plätzen ebenso begrenzt wie im Sommer. Auch Privatquartiere in den Urlaubsorten im Thüringer Wald, im Harz und Erzgebirge waren Mangelware. Wir genossen jeden gemeinsamen Urlaubstag mit unseren Eltern – egal, ob wir im nächstgelegenen Baggersee herumtobten oder einen schweißtreibenden Trip in ferne Urlaubsgefilde unternahmen.

# Chronik

**4. November 1989**
Demonstration von rund einer Million Menschen in Ostberlin für Presse- und Meinungsfreiheit und freie Wahlen.

**9. November 1989**
Öffnung der Grenze zu Westberlin.

**5. Januar 1990**
DDR-Fernsehen und Rundfunk senden erstmalig die Nationalhymne mit dem seit 1968 verbotenen Text von Johannes R. Becher und der Zeile „Deutschland einig Vaterland".

**15. Januar 1990**
Demonstranten stürmen die Stasi-Zentrale in Berlin-Lichtenberg.

**13. Februar 1990**
Vereinbarung über eine deutsch-deutsche Währungsunion.

**18. März 1990**
Erste freie Wahlen in der DDR enden mit dem Sieg der CDU (48,15 %).

**12. April 1990**
Lothar de Maiziére wird Ministerpräsident der DDR.

**23. August 1990**
Volkskammerbeschluss über den Beitritt der DDR zur Bundesrepublik Deutschland nach Artikel 23 des Grundgesetzes am 3. Oktober.

**3. Oktober 1990**
Tag der Deutschen Einheit.

**19. – 21. August 1991**
Putschversuch gegen Michail Gorbatschow scheitert.

**25. Juli 1992**
Beginn der XXV. Olympischen Sommerspiele in Barcelona mit der ersten gesamtdeutschen Mannschaft seit 1964.

**3. November 1992**
Bill Clinton wird zum 42. Präsidenten der Vereinigten Staaten von Amerika gewählt.

*Die Ostsee war für viele Urlaubsziel Nummer 1.*

## Urlaubsmekka Budapest

Die Entscheidung zwischen einer Auslandsreise oder dem weiteren Ansparen für einen fahrbaren Untersatz Marke Trabant, Wartburg oder Lada fiel unseren Eltern nicht immer leicht. Besonders die Reisen nach Ungarn waren verlockend, wenn auch nicht billig. Die Magyaren hatten ein großes Angebot an Westimporten in ihr Schaufenster Budapest gestellt. Von „echten" Jeans über T-Shirts mit den Konterfeis der angesagten Pop-Idole bis zu den begehrten Langspielplatten westlicher

DDR-Werbeplakat 1987:
In andere Gesichter sehen ...

Die ungarische Hauptstadt war immer eine Reise wert.

Bands und Interpreten reichte die Palette. Der Ungarn-Urlaub bot neben Paprika und Wein-Köstlichkeiten auch eine entspannte Lebensart und wunderbare Bade-Erlebnisse. Die großartige ungarische Badekultur, die vielen historischen Bäder Budapests waren ein Magnet für DDR-Touristen. Hier konnten unsere Eltern endlich in andere Gesichter sehen und für ein paar Tage den eher tristen DDR-Alltag vergessen.

## Wir kommen in die Schule!

Eins, zwei, drei im Sauseschritt lief die Zeit. Wir liefen mit! Eigentlich freuten wir uns alle auf den bevorstehenden Schulbeginn. Spannend war bereits die Vorbereitung. Wir mussten zur Untersuchung, wurden von Pädagogen und Ärzten begutachtet, geprüft und für „schulreif" befunden. Jetzt hatten unsere Eltern alle Hände voll zu tun, für einen rundum gelungenen Schulstart zu sorgen. Ein geeigneter Anfängerschulranzen musste gefunden werden. Er durfte nicht zu groß und nicht zu schwer sein. Und er sollte Platz haben für alles, was ein angehender „ABC-Schütze" so braucht. Es war Anfang September. Unsere Geschwister schielten schon ein wenig neidisch auf die mit allerlei süßen Sachen gefüllte Schultüte, die unsere Eltern zur Feier unserer Einschulung vorbereiteten. Woran sie nicht alles hatten denken müssen! Im Schreibwarengeschäft wurden Hefte mit geheimnisvollen Linien und Kästchen gekauft. Auch Tintenfüller, Bleistift,

Holzfarbstifte, Radiergummi und Etui durften nicht fehlen. Die ersten Schulbücher mussten in der Schule beim Schulbuchverkauf erworben werden. Bücher und Hefte wurden fein säuberlich mit Umschlägen versehen und ordentlich im Ranzen verstaut.

Danach kamen wir an die Reihe, wurden in unsere neuen Schulklamotten gesteckt. Jetzt konnte es losgehen, auf zur Einschulungsfeier!

*Endlich kommt Farbe ins Fotoalbum: Einschulung im Jahr 1990.*

## Ein großer Tag

Das war ein großer Tag für die ganze Schule. Die älteren Jahrgänge machten Musik mit dem Spielmannszug, sangen oder rezitierten Gedichte. Eltern und Verwandte waren mit auf den Schulhof gekommen, beobachteten das Spektakel und hatten den Farbfilm diesmal nicht vergessen! Dann hieß es, rasch in Zweierreihen aufstellen und Abmarsch ins Klassenzimmer. Unser Schulalltag hatte begonnen. Der 30. Mai war der berühmte „Stichtag". Wer von uns vor diesem Termin sechs wurde, kam Anfang September des gleichen Jahres in die Schule. Alle anderen mussten bis zum folgenden Jahr warten. Ausnahmen bestätigten natürlich diese Regel. Aber durch dieses Verfahren ist ein Teil unseres Jahrgangs bereits im September 1989 in die Schule gekommen, während der



*Ohne Halstuch mit doppelter Strahlkraft: 1. Klasse im Schuljahr 1990/1991.*

Rest erst 1990 eingeschult wurde. Diese 12 Monate Unterschied brachten große Veränderungen mit sich. Während die Schulanfänger im Jahr 1989 noch Jungpioniere wurden und das blaue Halstuch trugen, war ein Jahr später die Pionierorganisation bereits aufgelöst worden. Halstücher und Fahnenappelle waren aus dem Schulalltag verschwunden.

## Die letzten Pioniere

Die Pionierorganisation war eine politische Massenorganisation für Kinder. Ihr gehörten fast alle DDR-Schulkinder vom ersten bis zum siebten Schuljahr an. Sie wurden üblicherweise in der ersten Klasse Jungpionier und in der vierten Klasse Thälmann-Pionier. Die Pioniere einer Schulklasse bildeten eine Pioniergruppe und wählten einen Gruppenrat. Der Gruppenratsvorsitzende war vergleichbar mit einem Klassensprecher und arbeitete mit den Lehrern und dem Gruppenpionierleiter zusammen. Die Pionierkleidung bestand aus blauen oder roten Halstüchern, weißen Blusen und Hemden. Auf dem linken Ärmel befand sich ein Aufnäher mit dem gestickten Emblem der Pionierorganisation. Ab 1988 gab es ein erweitertes Kleidungssortiment aus Nickis in den Farben Weiß, Hellgelb, Türkis und Rosa (mit einem Aufdruck des Symbols der Pionierorganisation), einer langen und kurzen Hose mit einem Schnappgürtel sowie einer gefütterten Windjacke in Rot für Mädchen und in Grau für Jungen. Die Pioniere hatten eine eigene Losung: „Für Frieden und Sozialismus: Seid bereit!" Die Antwort der Gruppe lautete: „Immer bereit!"

Kindern und Jugendlichen gilt in allen Diktaturen, so auch in der Deutschen Demokratischen Republik, besondere Aufmerksamkeit. Der Anspruch des Staates war dabei unmissverständlich: Eine angepasste, von den sozialistischen Idealen überzeugte und vom Hass auf den „Klassenfeind" erfüllte Jugend als „Kampfreserve der Partei" war das erzieherische Idealbild der Führung der Sozialistischen Einheitspartei Deutschlands. Mit dem Dahinscheiden des alten politischen Systems, noch vor der Wiedervereinigung, wurde die Pionierorganisation im August 1990 sang- und klanglos aufgelöst.

*Kinder und Jugend als „Kampfreserve" – so stand es im Statut der SED.*

*Der Aufnäher der Jungen Pioniere.*

*Lecker, lecker: Pioniere vor einem HO-Backwarenladen.*

*Beliebtes Souvenir:*
*Das letzte Statistische Jahrbuch der DDR.*

## Die Mauer fällt!

Nachdem im September 1989 Hunderte DDR-Bürger die bundesdeutschen Botschaften in Warschau und Prag besetzt hatten, um ihre Ausreise in die Bundesrepublik Deutschland zu erzwingen, überschlugen sich die Ereignisse. In vielen Industrieregionen war der katastrophale Zustand der Umwelt nicht mehr zu übersehen. Schadstoffbelastete Luft, verschmutzte Gewässer, sterbender Wald, Raubbau an der Natur führten in einigen Regionen zu fast irreparablen Schäden an der Natur. Die manipulierten Kommunalwahlen und die schlechte Versorgungslage in der Volkswirtschaft ließen die Stimmung immer angespannter werden. Die überalterte DDR-Führungsriege war nicht mehr in der Lage, auf die Probleme mit Klugheit und Sachverstand zu reagieren. Die friedliche Protestwelle gegen die SED-Diktatur wurde stetig größer. Mit dem Fall der Mauer war auch das Ende der DDR besiegelt. Bald sangen die frechen Punk-Musiker von Feeling B voller Ironie: „Ich such die DDR und keiner weiß, wo sie ist. Es ist so schade, dass sie mich so schnell vergisst ..."

*Die Mauer ist offen: Menschenschlange am Checkpoint Charlie.*

*Der Weg in den Westen ist frei: Die längste Warteschlange der DDR – im November 1989.*

## Erster Ausflug in den Westen

Wir waren zwar noch klein, trotzdem haben wir unseren ersten Ausflug in den Westen mit Sicherheit nicht vergessen. Bereits beim Früh-

*Endlich im Westen:*
*Warten aufs Begrüßungsgeld.*

stück diskutierten Vater und Mutter aufgeregt darüber, wohin die Reise gehen sollte. Wichtig war auch die Klärung der Frage, ob es dort Begrüßungsgeld gab, denn die wenigsten DDR-Bürger verfügten über ausreichend DM zur Finanzierung einer Kurzreise in den Westen. Was war das Begrüßungsgeld? Jedem in die Bundesrepublik einreisenden Bürger der DDR stand ein Geldbetrag zu, der aus Mitteln des Bundeshaushaltes finanziert wurde. Das Begrüßungsgeld wurde bereits 1970 in Höhe von 30 DM eingeführt und ab 1988 auf 100 DM erhöht. Zwei Wochen nach der Grenzöffnung hatten elf Millionen DDR-Bürger die Gelegenheit genutzt und einen Trip in Richtung Westen gemacht. Bei einem derartigen Riesenandrang bildeten sich bei der Auszahlung des Begrüßungsgeldes vor den Banken und Sparkassen Riesenschlangen, viele Geschäftsstellen mussten deshalb sogar während der Nacht geöffnet werden. Die Zahlung des Begrüßungsgeldes wurde am 29. Dezember 1989 eingestellt. Nun konnte jeder DDR-Bürger bei sich am Heimatort 100 Ostmark im Verhältnis 1:1 und weitere 100 Mark im Verhältnis 1:5 in DM umtauschen. Plötzlich waren all die verbotenen Früchte greifbar, die uns die greisen SED-Polithäuptlinge bis dahin vorenthalten wollten.

## Wir lernen lesen!

Für uns und unsere Eltern sollte das neue Jahr ein ganz besonderes werden. Doch erst einmal verlangte der Schulalltag feste Regeln von uns. Ordnung, Fleiß und Disziplin wurden gefordert. Aber niemand musste Angst haben. Unsere zwiespältigen Gefühle waren schnell verflogen. Die meisten unserer Lehrerinnen und Lehrer waren jung, nett und motiviert. Unser Klassenzimmer war hell und

*Juhu – endlich Ferien!*

*Kaum konnten wir lesen, verschlangen wir die beliebten Micky-Maus-Hefte – manchmal auch heimlich unter der Bettdecke.*



freundlich und im Lesen, Schreiben und Rechnen machten wir schnell Fortschritte. Auch wenn beim Kopfrechnen die eine oder der andere von uns am Anfang noch Schwierigkeiten hatten, das tägliche Üben tat seine Wirkung. Am Ende des Jahres hieß es für alle: „Versetzt in Klasse 2!" Und die ganze Familie war stolz auf unser erstes Jahreszeugnis.

Endlich waren wir nicht mehr darauf angewiesen, uns unsere heißgeliebten Max-und-Moritz-Geschichten vorlesen zu lassen. Wir konnten das jetzt ganz allein besorgen! Natürlich lernten wir in der Schule auch noch andere Sachen. So hörten wir im Heimatkunde-Unterricht einiges über den Staat, in dem wir lebten: Unsere Heimat hieß nun nicht mehr DDR, sondern Bundesrepublik Deutschland. Und Bundeskanzler Helmut Kohl versprach uns und unseren Eltern für die nahe Zukunft „blühende Landschaften". Aber bis das alles blühte, musste natürlich erst mal kräftig in die Hände gespuckt werden!

## Spannende Geschichten

Kaum konnten wir das ABC auswendig, wurde das Lesen für uns zur Leidenschaft.

Wir entwickelten uns schnell zu Leseratten, konnten nun die Abenteuer von Max und Moritz nicht nur im Bild, sondern auch im Text verfolgen. Noch beliebter waren die bunt bebilderten Geschichten aus Walt Disneys Märchenfilmen. Ob Arielle, die Meerjungfrau, Pocahontas oder der Elefant Dumbo, besonders die Mädchen waren begeistert von Walt Disneys Zauberwelten. Bei den Jungen unseres Jahrgangs waren die bunten Mosaik-Hefte mit den spannenden Abenteuergeschichten der Abrafaxe aus dem Ostberliner Verlag Junge Welt gefragt. Aber auch Micky Maus, Donald Duck und Onkel Dagobert wurden jetzt im Osten immer beliebter. Auch unsere Eltern hatten neuen Lesestoff zu bewältigen. Die neue Super-Illu brachte neben viel nackter Haut auch viele Tipps für das neue Leben in der Marktwirtschaft an die ostdeutschen Kioske.

## Die Chronik des Jahres 1989

Bürgermut und couragiertes Handeln haben im Jahr 1989 zur friedlichen Revolution im Osten Deutschlands geführt. Hier eine Zusammenfassung der wichtigsten Ereignisse:

- 12. März 1989
  Demonstration von 600 ausreisewilligen DDR-Bürgern in Leipzig.
- 2. Mai 1989
  Beginn des Abbaus von Sperranlagen an der ungarischen Westgrenze.
- 7. Mai 1989
  Kirche und oppositionelle Gruppen werfen den DDR-Behörden Wahlfälschung bei den Kommunalwahlen vor.
- 8. Juni 1989
  Alle Abgeordneten der Volkskammer billigen öffentlich das Massaker auf dem Platz des Himmlischen Friedens in Peking.
- 1. August 1990
  Die BILD-Zeitung lässt von nun an die Anführungszeichen beim Druck der Abkürzung DDR weg.
- 8. August 1989
  Schließung der Ständigen Vertretung der BRD in Ostberlin wegen Überfüllung durch geflüchtete ausreisewillige DDR-Bürger. Auch die Budapester und Prager Botschaften werden durch DDR-Flüchtlinge überrannt.
- 11. September 1989
  Öffnung der ungarisch-österreichischen Grenze und Ausreise von 7000 DDR-Bürgern in den Westen. Die DDR-Führung klagt über „organisierten Menschenhandel".
- 12. September 1989
  Gründungsaufruf der Bürgerbewegung „Demokratie jetzt!"
- 21. September 1989
  Ablehnung des Antrags der Bürgergruppierung „Neues Forum" zur Zulassung als politische Vereinigung durch die DDR-Behörden aufgrund von „Staatsfeindlichkeit".
- 25. September 1989
  Leipziger Montagsdemonstration mit 5000 Teilnehmern.
- 1. Oktober 1989
  Gründung der landesweiten Oppositionsbewegung Demokratischer Aufbruch.
- 7. Oktober 1989
  Gorbatschow nimmt an den Feierlichkeiten zum 40. Jahrestag der DDR in Berlin teil und sagt den berühmten Satz: „Wer zu spät kommt, den bestraft das Leben."
- 16. Oktober 1989
  Größte Demonstration in der DDR seit dem Volksaufstand am 17. Juni 1953 in Leipzig mit mehr als 120 000 Teilnehmern.
- 18. Oktober 1989
  Entbindung Honeckers von allen Ämtern „auf eigenen Wunsch", Nachfolger wird Egon Krenz.
- 23. Oktober 1989
  300 000 Menschen demonstrieren in Leipzig und fordern freie Wahlen.
- 4. November 1989
  Demonstration von rund einer Million Menschen in Ostberlin für Presse- und Meinungsfreiheit und freie Wahlen.
- 9. November 1989
  Öffnung der Grenze zu Westberlin.
- 3. Dezember 1989:
  Rücktritt des gesamten SED-Politbüros unter Egon Krenz.
- 19. Dezember 1989
  Verhandlungen zwischen Bundeskanzler Helmut Kohl und Ministerpräsident Hans Modrow über eine deutsch-deutsche Vertragsgemeinschaft in Dresden.
- 22. Dezember 1989
  Offizielle Öffnung des Brandenburger Tors nach 28 Jahren Mauer.

*Couragiert und friedfertig: Montagsdemonstranten in Leipzig.*

## Keine Gewalt! – Vom Friedensgebet zur Montagsdemo

Die Friedensgebete waren vielen auch unter der Bezeichnung „Montagsgebete" geläufig. Sie fanden seit 1982 in der Nikolaikirche Leipzig statt. Viele Anregungen und Aktionen gingen von hier aus, die zu einer Sensibilisierung der Öffentlichkeit für die immer stärker nach einer Lösung drängenden Probleme in der DDR führten. Zuerst waren es vor allem junge engagierte Menschen, später Ausreisewillige und in den letzten Monaten des Jahres 1989 viele ganz normale Bürger, die hier ein Diskussionsforum und ein Dach zur Artikulation ihrer Anliegen fanden. Die Montagsdemonstranten, die nach den Friedensgebeten auf dem Ring um die Leipziger Innenstadt zogen, schrieben Geschichte. Bald wurde in vielen Städten und Gemeinden der DDR demonstriert. Der entscheidende Wendepunkt im Kräftemessen zwischen Staatsmacht und Demonstranten war der Abend des 9. Oktober 1989 in Leipzig. Zigtausende Bürger demonstrierten friedlich gegen die starre Politik der DDR-Regierung. Bereits seit Mai 1989 hatten die Staatsorgane der DDR Druck ausgeübt, um die Friedensgebete abzuwürgen. Zufahrtstraßen wurden kontrolliert, Verdächtige „abgeführt". Am 9. Oktober gab es das bis dahin größte Aufgebot von Armee und Kampfgruppen, Polizei und Stasimitarbeitern in Zivil. Die Situation war angespannt, doch kurz vor dem Schluss des Friedensgebets wurde ein gemeinsamer Appell des Gewandhauskapellmeisters Kurt Masur, des Kabarettisten Bernd-Lutz Lange, des Theologen Peter Zimmermann und dreier Leipziger SED-Vertreter, der „Leipziger Sechs" verlesen, die alle zu Gewaltlosigkeit aufriefen. So verlief die folgende Demonstration durch die Leipziger Innenstadt, an der über 70 000 Demonstranten teilnahmen, ohne jede Gewaltanwendung.

## Nikolaikirche Leipzig

Die St.-Nikolai-Kirche wurde bei Gründung der Stadt 1165 an der Kreuzung von zwei Handelswegen erbaut. Mit der offiziellen Einführung der Reformation 1539 in Leipzig wurde die Nikolaikirche zum Sitz des ersten Superintendenten der Stadt und damit zur Hauptkirche Leipzigs. Hier wirkte auch der berühmteste der Leipziger Kantoren, Johann Sebastian Bach.

Im Herbst 1989 begann in der Nikolaikirche mit Friedensgebeten und den anschließenden Montagsdemonstrationen die friedliche Revolution in der DDR.

# Schöne neue Einkaufswelt

Schnell wandelte sich vieles auf dem Gebiet der nun „ehemaligen DDR". Von der Mangelgesellschaft fanden wir uns in einer Welt des Überflusses wieder. Alles, was wir und unsere Eltern uns bisher nur erträumen konnten, gab es jetzt im Sonderangebot. Von der Reise in ferne westliche Länder bis hin zum schnittigen fahrbaren Untersatz für die ganze Familie – alles war vorhanden und noch dazu ohne Wartezeit! Ganz zu schweigen von den vielen neuen Waren des täglichen Bedarfs, die westliche Einkaufsdiscounter über Nacht in die Regale von Konsum und HO-Geschäften stellten. Wer nicht genügend Geld auf der hohen Kante hatte, konnte sich einen Kredit holen. Bei einem festen Arbeitsplatz war dies kein Problem, sagten die Bank-Berater. Da in der DDR Arbeitslosigkeit unbekannt war, hatten ja alle einen festen Arbeitsvertrag. Doch hier lag bald das Problem für viele unserer Eltern. Die Abwicklung und Schließung vieler DDR-Betriebe führte bald zu einem Mangel an Arbeitsplätzen. In der Folge verloren viele ihren Arbeitsplatz. Bald begriffen unsere Eltern, dass Deutsche Mark und Einheit auch ihren Preis hatten.

*Aus Ostmark, im Volksmund „Alu-Chip", wurde DM.*

# Die DM löst die Ostmark ab

Am 1. Juli 1990 wurde mit der Währungsunion die Mark der DDR von der Deutschen Mark als gesetzliches Zahlungsmittel abgelöst. DDR-Münzen bis 50 Pfennig konnten von unseren Eltern in einer Übergangszeit weiter verwendet werden, da die Bundesbank vorerst nicht genug Hartgeld zur Verfügung hatte. Bereits im Halbjahr zuvor konnten in der DDR westliche Güter problemlos für Ost- oder Westmark zum Kurs von 3:1 gekauft werden. Der Umtauschkurs bei der Einführung der D-Mark in der DDR betrug 1:2. Für Privatpersonen galt die Sonderregelung, dass bestimmte Beträge 1:1 getauscht werden konnten. Das war abhängig vom Alter: 2000 M für 14-

Endlich: Phillip Boa besucht die DDR.

Dresden tanzt – zum ersten Mal für DM!

Jährige und Jüngere; 4000 M für alle bis zum 60. Lebensjahr und 6000 M für ältere Bürger.

Das neue, allseits begehrte Geld lag deutlich schwerer in der Hand. Während ein DDR-Mark-Stück aus Aluminium nur 2,5 Gramm wog, brachte die DM aus Kupfer-Nickel 5,5 Gramm auf die Wage. Zur Feier der DM wurden überall große Feste gefeiert. Westdeutsche Popstars hießen jetzt im Volksmund „Wessi"-Stars. Nena, Udo Lindenberg, Rio Reiser, Phillip Boa und viele andere West-Stars wurden von ihren Fans im Osten empfangen und gefeiert wie Könige.

## Das neue Shoppinggefühl!

Das neue Geld verursachte uns so einiges Kopfzerbrechen. Bereits bei unserem ersten Familienausflug in Richtung Westen hatten wir in den Spielzeuggeschäften von Lübeck, Hannover oder Hof eine Art Kulturschock erlebt. All jene feinen Sachen, die wir bisher größtenteils nur aus dem Werbeprogramm des Westfernsehens kannten, konnten jetzt direkt in Augenschein genommen werden. Ob Barbie oder Walkman, Matchbox-Auto oder LEGO-Spiel, Playmobil-Figuren oder Monopoly – Wünsche hatten wir viele. Allein unser hart erspartes Taschengeld setzte uns enge Grenzen. Zum Glück war ja bald Weihnachten. Da konnte schon einmal ein Wunschzettel geschrieben werden. Auch in der Schule

Lesebuch der Klasse 1: Kinder kaufen ein!

beschäftigten wir uns mit dem Thema. „Was machen die Kinder?", fragte unser Lesebuch. Wir alle wussten die richtige Antwort: „Die Kinder kaufen ein." Und was reimte sich auf kaufen? Laufen und raufen?

## Weihnachten mit Arielle

Das Weihnachtsfest 1990 ist auch in der Rückschau ein ganz besonderes Fest. Zum ersten Mal probierten unsere Eltern die neuen handlichen Fotoapparate mit dem eingebauten Blitzlicht aus.

Aufgeregt und mit hochroten Wangen standen wir vor dem geschmückten Weihnachtsbaum, konnten den Moment kaum erwarten, als endlich die Geschenke ausgepackt werden durften.

Wie freuten wir uns über all die Barbies, Polly Pockets, LEGO-Spiele, He-Man-Figuren und Alf-und Masters-Of-The-Universe-Kassetten. Eine Märchenfigur stahl damals fast allen anderen die Show: „Arielle, die Meerjungfrau", die Hauptdarstellerin des erfolgreichen Disney-Zeichentrickfilms dürfte damals unter kaum einem Weihnachtsbaum gefehlt haben. Ob als Spielfigur, Buch, Video- oder Hörspiel-Kassette: Arielle war in aller Munde! Viele Eltern hatten ihr erstes Westgeld für einen Mikrowellenherd oder einen Videorecorder investiert. So saßen wir schließlich fröhlich vereint unterm Weihnachtsbaum, genossen die frische Frühlingsrolle aus der Mikrowelle und verfolgten die Abenteuer von Arielle und ihren Freunden Fabius, Sebastian und Prinz

*Mehr Vielfalt: Weihnachten 1990.*

Eric. Auf dem neuen Stereo-Plattenspieler drehten sich zum guten Schluss die Scorpions mit „Wind Of Change" oder David Hassellhoff mit „Looking For Freedom".

## Alles Gute zum Muttertag!

Nachdem wir im Kindergarten alljährlich darauf getrimmt worden waren, unseren Müttern, Großmüttern und großen Schwestern am 8. März zum Internationalen Frauentag zu gratulieren, gab es jetzt einen neuen Tag, an dem wir unseren Müttern eine Freude machen konnten: Der Muttertag. In der Schule lernten wir, dass dieser Tag eine lange Tradition hatte. In Deutschland wurde der Ehrentag bereits ab 1923 durch den Verband der Blumengeschäftsinhaber mit Plakat-Aufrufen wie „Ehret die Mutter" in den Schaufenstern ihrer Geschäfte etabliert und als Tag der Blumenwünsche beworben. Zum allerersten Mal wurde der Muttertag bereits im Jahr 1914 in den USA als nationaler Feiertag begangen. Dort werden heute die finanziellen Aufwendungen für den Muttertag nur durch Weihnachten übertroffen. In der DDR dagegen war er in Vergessenheit geraten. Dort wurde der Schwerpunkt nicht auf die Mutter, sondern auf die berufstätige Frau gelegt. Am Frauentag, der jährlich am 8. März gefeiert wurde, bekam man in den DDR-Gaststätten kaum einen freien Platz. Der „neue" Muttertag wurde nun überwiegend

*Gebasteltes und ein Gedicht zum Muttertag.*

zu Hause gefeiert. Neben Kaffee und Kuchen überraschten wir unsere Mütter mit Blumen und selbstgebastelten Geschenken.

## Neue Zeiten, neue Helden

Nach dem 31. Dezember 1991 veränderten sich unsere Fernsehgewohnheiten rapide. Der Deutsche Fernsehfunk musste Tschüss sagen. Beliebte Sendungen wie die Flimmerstunde, Mach mit, mach's nach, mach's besser und Elf 99 wurden abgewickelt. Nur das Sandmännchen überlebte. Aber dafür waren wir ja längst zu groß geworden.

„Kurz vor dem Abitur die Schule hinschmeißen? Wer macht denn so was?" – mit dieser Frage startete im Mai 1992 Deutschlands erste Daily Soap. „Gute Zeiten, schlechte Zeiten" wurde nach ersten Anlaufschwierigkeiten ein echter Dauerbrenner. Bisher spielten über 4000 Folgen Werbeeinnahmen von 200 Millionen Euro ein. Über 3300 Schauspieler und 35 000 Komparsen spielten mit, darunter auch so bekannte Gäste wie Thomas Gottschalk, Rosenstolz und Hape Kerkeling. Während die älteren Schuljahrgänge die Serie „Beverly Hills, 90210" verfolgten, schwärmten unsere Mütter von der „Traumhochzeit" mit Linda de Mol, die Millionen Zuschauerinnen vor den Bildschirm lockte. Unsere Väter amüsierten sich mehr über „Tutti Frutti", die erste Striptease-Show im deutschen Fernsehen. Wir dagegen verpassten keine Folge der Mini-Playback-Show mit der Moderatorin Marijke Amado, die später von Blümchen abgelöst wurde. Fünf Kinder pro Show wollten ihren Idolen nacheifern, traten durch den Zaubertunnel auf die große Showbühne und agierten als Stardouble verkleidet zum eingespielten Playback. Eine Jury bewertete den Auftritt. Zum Schluss stimmte das Publikum über den Sieger ab. Nach jeder Sendung ging es ab ins Kinderzimmer. Dort übten wir für unseren eigenen Auftritt.

*Jung-Star Blümchen in der Mini-Playback-Show.*

## Europa klopft an die Tür

Die großen Ferien waren für uns und unsere Eltern immer etwas ganz Besonderes. Der gemeinsame Sommerurlaub war der Höhepunkt des Jahres. 28 Jahre hatten sich die meisten Ostdeutschen mehr oder weniger eingesperrt gefühlt. Jetzt konnten wir endlich auch die Schönheiten der alten Bundesländer und der westeuropäischen Nachbarn persönlich kennen lernen. Ganz egal, ob Frankreich, Italien, Spanien, Holland oder Dänemark –

Spaß beim Campingurlaub quer durch Europa.

überall gab es viel zu entdecken. Europa klopfte auch anderweitig an unsere Tür. In der Schule wurde eine Informationsbroschüre des Bundesministeriums für Wirtschaft herumgereicht. Die Vollendung des Europäischen Binnenmarktes stand vor der Tür. Ab 1. Januar 1993 sollten alle Grenzkontrollen und damit alle Schlagbäume in den EG-Mitgliedsländern verschwunden sein. Das hieß: Freie Fahrt für freie Bürger! Aber nicht alle waren begeistert über die neuen Entwicklungen. Vor allem Ältere hatten Angst vor den bevorstehenden rasanten Veränderungen. Um die Stimmung zu verbessern, verloste das Bundesministerium für Wirtschaft vorsorglich erst einmal 50 europäische Spezialitätenkörbe mit ausgewählten Leckereien aus den EG-Staaten.

Schnappschüsse vom Sommerurlaub 1992.

Werbeposter für Europa.

# Zeit des Lernens, Zeit der Abenteuer

1993–1996

## Das 11. bis 14. Lebensjahr

### Neue Schule, alte Schule?

Die Wendezeit brachte allmählich in unseren Schulen große Veränderungen. Die zehnklassige Polytechnische Oberschule, in die wir noch eingeschult worden waren, gehörte nun zum alten Eisen. In jedem der fünf neuen Bundesländer gab es nun tiefgreifende Schulreformen.

Im Rahmen des Großprojektes „Aufbau Ost" wurden schnell auch unsere Schulen als Experimentierfeld entdeckt. Im Jahr 1992 folgte der friedlichen Revolution der lang angekündigte „große Einschnitt" im Bildungswesen. Da das Schulwesen in der Bundesrepublik Deutschland in der Hoheit der Länder liegt, gab es nun in den neuen Bundesländern kein einheitliches Modell mehr. Die Gymnasien wurden wieder eingeführt, es gab jetzt auch Haupt- und Mittelschulen sowie höchst unterschiedliche Schulen in freier Trägerschaft. Die Polytechnische Oberschule, im DDR-Volksmund POS genannt, rein bildungstechnisch durchaus ein Erfolgsmodell, gehörte nun aber der Geschichte an.

Zuerst herrschte Aufbruchstimmung an unseren Schulen, Wagemut und Experimentierfreude waren angesagt. Die Mehrheit der Lehrer und Schüler war offen für Neues. Doch die Stimmung wandelte sich relativ schnell. Bald klagten Schüler, Eltern und Lehrer gleichermaßen über die neuen Schulsysteme. Manche Chance zur Erneuerung wurde verspielt, weil gerade die Bildung oft zum Spielball unterschiedlicher Parteiinteressen wurde.

Nicht nur bei den Lehrern, auch bei unseren Eltern gehörte das Wort „Tarifrunden" plötzlich zum alltäglichen Wortschatz. Und so mussten wir uns an so einige neue Dinge gewöhnen. Auch aus Raider, dem beliebten Pausensnack, wurde Twix. Doch nicht immer

# Chronik

**20. Januar 1993**
Bill Clinton wird neuer amerikanischer Präsident.

**26. Februar 1993**
Sprengstoffanschlag auf das World Trade Center in New York.

**1. Januar 1994**
Die Deutsche Bahn AG wird gegründet.

**8. April 1994**
Der Rockmusiker Kurt Cobain wird tot aufgefunden.

**10. Mai 1994**
Nelson Mandela wird erster schwarzafrikanischer Präsident Südafrikas.

**31. August 1994**
Die letzten russischen Besatzungstruppen ziehen aus Deutschland ab.

**14. November 1994**
Der Eurotunnel zwischen Frankreich und England wird für den Personenverkehr freigegeben.

**24. Juni 1995**
Christo verhüllt den Reichstag in Berlin.

**24. August 1995**
Weltweite Veröffentlichung von Windows 95.

**18. Januar 1996**
In Lübeck sterben bei einem Brandanschlag auf ein Asylbewerberheim zehn Menschen.

**22. Februar 1996**
Der Immobilienspekulant Jürgen Schneider wird nach Deutschland ausgeliefert.

**10. – 11. August 1996**
Oasis spielen an zwei Tagen in Knebworth vor je 125 000 Zuschauern – der Höhepunkt der Britpop-Welle.

**19. Oktober 1996**
Greenpeace stellt das erste Dreiliterauto, einen umgebauten Renault Twingo vor. So ist erwiesen, dass Niedrigenergiefahrzeuge ohne großen Kostenaufwand herzustellen sind.

*All die Veränderungen ließen uns den Appetit nicht verlieren.*

*Zorro trifft Karate Kid: Unsere Schulfaschingsfeier war Spitze!*

schmeckten uns die Veränderungen so gut. Oft war guter Rat, welcher Weg für unsere weitere schulische Entwicklung der richtige war, schwer zu finden.

## Papa arbeitet im Westen!

Es gab kaum einen Arbeitsplatz im Osten Deutschlands, der sich nicht früher oder später in Luft auflöste. Viele der ehemals volkseigenen DDR-Betriebe versuchten ihr Glück in der Marktwirtschaft über eine Privatisierung oder das Finden neuer Partner im Westen. Aber der Weg war steinig. Fast alle bisherigen Absatzmärkte waren durch die gravierenden Veränderungen in Osteuropa und der ehemaligen Sowjetunion verschwunden. Zusätzlich gab es ab 1993 in West- und Ostdeutschland eine Rezession. Wegen der im Wiedervereinigungsboom aufgetretenen Übersteigerungen wurde eine restriktive Geldpolitik eingeführt, um die hohe Inflationsrate abzubremsen. Viele Betriebe in den neuen Bundesländern wurden daraufhin abgewickelt und liquidiert. Die Arbeitslosigkeit im Osten Deutschlands stieg unaufhörlich. Die meisten unserer Mütter und Väter mussten sich nach einer neuen Arbeit umsehen. Viele Väter pendelten nun Woche für Woche zwischen ihren Heimatorten im Osten und den Industrie- und Handelszentren in den Alt-Bundesländern, arbeiteten in Hamburg, Hannover oder Hof. So hörten wir auf dem Schulhof oft den Satz: „Vaters Betrieb wurde abgewickelt. Er sucht jetzt die blühenden Landschaften im Westen." Andere Eltern unserer Mitschüler wurden umgeschult oder landeten bei einer der vielen befristeten Arbeitsbeschaffungsmaßnahmen. Eine Neuorientierung war unumgänglich, nicht alle schafften dies. Mit den Freiheiten der Marktwirtschaft gingen auch Verarmung und Alkoholismus einher. Die einst geschlossene DDR-Gesellschaft, in der es kaum gravierende Unterschiede zwischen Arm und Reich gab, war passé. Besonders hart traf es die fleißigen Gastarbeiter aus Vietnam. Viele der Entlassenen versuchten nun, ihren Lebensunterhalt mit dem Handel von geschmuggelten Zigaretten auf dem Schwarzmarkt zu verdienen. Da gab es bald Ärger mit Polizei und Zoll. Trotzdem gehörten die fliegenden Händler über Jahre ins Straßenbild der Nachwende-Zeit.

*Von Vietnamesen betriebener Zigarettenschwarzmarkt in Berlin.*

## Viele neue Ostereier

Bei all dem Stress und all den Veränderungen, die jetzt auf uns und unsere Familien zukamen, vergaßen wir nicht, jedes anstehende Fest, das auf dem Kalender stand, so zu feiern, wie es sich gehörte. Die wenigen gemeinsamen freien Tage mit Eltern und Geschwistern waren kostbar.

Sie brachten uns allen immer wieder schöne neue Erlebnisse, zuweilen auch das Gegenteil.

Suche, so wirst du finden – hieß es für uns zu jedem Osterfest. Nach der Wende hatte sich das Arsenal der Ostergaben für uns echt verbessert. Freuten wir uns früher über Schlager Süßtafel, Kokosflocken und superharte Zuckereier, die unseren kleinen Zähnen arg zu schaffen machten, waren jetzt leckere Scho-

*Gefunden! Ein Osterei mit Ecken.*

*Unzertrennlich: Mein Gameboy und ich.*

koladenhasen und Ostereier mit exotischen Füllungen in den Verstecken zu finden. Lecker, lecker! Ganz besonders strahlten wir, wenn der Osterhase daran gedacht hatte, neben all den süßen Sachen auch etwas Nachschub für die LEGO-Baustellen und den Barbie-Kleiderschrank im Kinderzimmer dazuzulegen. Auch ein neues Spiel für den Gameboy war immer hochwillkommen.

## Zauberwelt der Videospiele

Während Pädagogen und Eltern ordentlich die Nase rümpften, liebten wir die neue Welt der Videospiele. Damals war es normal, dass man in den Kaufhäusern und Media-Märkten die neuesten Spiele antesten konnte. In den Elektromärkten und Kaufhäusern bildeten sich vor den Konsolen regelmäßig lange Schlangen. Wie freuten wir uns damals über unser erstes Sega Master System und den ersten Gameboy. Überhaupt der Gameboy! Nichts konnte jemals diesem grauen, klobigen Teil das Wasser reichen. Für viele von uns stellte der Gameboy den ersten Kontakt mit Videospielen dar. Noch heute bringt das Spielen der alten Spiele-Klassiker wie Mario Brother, Tetris, Mega Man IV, Mystic Quest oder Zelda-Links Awakening bei uns echt nostalgische Gefühle hervor.

## Woher kommt der Gameboy?

Der Gameboy ist eine Handheld-Konsole, die von der japanischen Firma Nintendo für den Weltmarkt entwickelt wurde und 1989 erstmals das Licht der Öffentlichkeit sah. Durch geschicktes Marketing, sparsamen Batterieverbrauch und ein breites Angebot an Spielen kam der Gameboy bei Kindern und Jugendlichen schnell zu Weltruhm. Heute ist er mit mehr als 118 Millionen verkauften Exemplaren weltweit die meistverkaufte portable Konsole.

Der Gameboy kann auch für einfache Mess- und Steueraufgaben benutzt werden. Hierzu müssen besondere Steckmodule gebaut und eigene Programme geschrieben werden. Es werden allerdings auch Spezialmodule fürs Autotuning, zum Blutzuckermessen oder zum Steuern von Nähmaschinen angeboten. Die deutsche Punkband HASS komponierte 1992 sogar eine Hymne auf den Gameboy: „Er hat TV-Augen, er hat den Videoblick. Er hat keine Freunde, aber dafür viel Geschick …"

*Ein echter Klassiker: Der Gameboy Classic.*

## Neue Freizeitfreuden

In den ersten Nachwende-Jahren mussten unsere Eltern des Öfteren auf der Hut sein. Oft standen Versicherungsvertreter, dubiose Vermögensberater oder fliegende Händler vor der Wohnungstür, die vom Zeitungsabo bis zum preisgesenkten, superwertvollen Perserteppich so einiges aus dem Köfferchen zauberten. Manchmal ging es auch nur um eine Gratis-Kaffeefahrt ins Blaue, bei der es neben Kaffee und Kuchen auch noch eine kostenlose Gehirnwäsche gab, die dazu führte, dass Omi oder Opa sich eine überteuerte Dau-

*Bewegung auf der Kegelbahn.*

*Richtige Männer wie wir …*

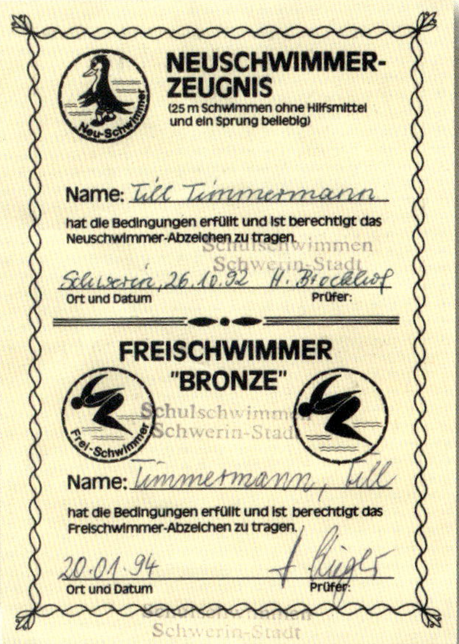

NEUSCHWIMMER-ZEUGNIS
(25 m Schwimmen ohne Hilfsmittel und ein Sprung beliebig)

Name: Till Timmermann

hat die Bedingungen erfüllt und ist berechtigt das Neuschwimmer-Abzeichen zu tragen.

Schwerin, 26.10.92 H. Brockhoff
Ort und Datum Prüfer:

FREISCHWIMMER "BRONZE"

Name: Timmermann, Till

hat die Bedingungen erfüllt und ist berechtigt das Freischwimmer-Abzeichen zu tragen.

20.01.94
Ort und Datum Prüfer:

Schulschwimmen Schwerin-Stadt

Wir waren stolz auf den Freischwimmerausweis.

*Freizeitspaß auf dem Tennisplatz.*

nendecke oder einen überflüssigen, aber um so teureren Dampfkochtopf aufschwatzen ließen. Es gab zum Glück auch ganz andere Möglichkeiten, unsere sauer verdienten Ersparnisse anzulegen. Viele neue Sport- und Freizeitzentren öffneten ihre Pforten. Die Sport- und Fitnesswelle schwappte nun kräftig in die neuen Länder über. Bewegung war angesagt. Gern feierten wir unseren Geburtstag jetzt im Familien- und Freundeskreis auf der Bowlingbahn oder fuhren zum Wettfischen an den nächstgelegenen Angelsee.

*Sattelfest mit Fahrradpass.*

## Neue Herausforderungen

Wie waren wir stolz auf unseren Freischwimmerausweis. Mit dem Fahrrad ging es gemeinsam mit unseren Freunden raus ins nächste Freibad. Endlich konnten wir ohne elterliche Aufsicht den Sprung in das kühle Nass wagen. Auch Fahrradfahren wollte bei dem wachsenden Verkehrsaufkommen mittlerweile gelernt sein!

Deshalb wurde eine Radfahrprüfung im Rahmen des Schulunterrichts vorbereitet. Die Prüfung war freiwillig und berechtigte uns zum Fahren eines Fahrrades im Straßenverkehr. Unsere Prüfung bestand aus einem theoretischen und einem praktischen Teil. Der Praxistest wurde von einer Polizistin oder einem Polizisten abgenommen. Wenn beide Prüfungsteile erfolgreich waren, bekamen wir den Fahrradausweis überreicht. Bei der Gelegenheit gab uns die Polizeiinspektion, Sachbereich Verkehr, noch Informationen über die Aktion „Stop dem Fahrradklau" mit auf den Weg. Wir sollten unsere Räder möglichst nur an bewachten Plätzen abstellen, das Speichenschloss einrasten lassen und am Rahmen mit dem Schloss an einen fest stehenden Gegenstand anschließen. Aber Vorsicht! Auch dann, wenn wir uns nur kurz entfernen wollten, sollten wir keinerlei Werkzeug in der Satteltasche lassen. Am Ende konnte auch der beste Tipp kaum etwas gegen einen gewieften Fahrraddieb ausrichten.

## Das Kinderfernsehen kommt!

Erinnert sich noch jemand? Im Sommer 1995 wurden wir sogar an schulfreien Wochenenden freiwillig zu Frühaufstehern. Mit Super RTL startete ein Kinder-TV-Tagesprogramm, das uns von früh bis spät mit supercoolen Trickfilmserien versorgte. Der Sender zeigte damals als einziger in Deutschland komplett alle Serien des Disney-Afternoon-Formats: Die Gummibärenbande, DuckTales, Neue Abenteuer mit

*Im Spielfieber: Vor der Glotze hielten wir es lange aus.*

Winnie Puuh, Chip & Chap, Käpt'n Balu, Die Dinos, Darkwing Duck, Goofy & Max, Raw Toonage, Bonkers, Aladdin, Gargoyles, Timon & Pumbaa, Quack Pack, Mighty Ducks, Doug, 101 Dalmatiner und Hercules. Mit diesem Power-Paket wurde Super RTL schnell der beliebteste TV-Sender bei den Drei- bis 13-Jährigen. Nachdem sich dann auch noch Nickelodeon um unsere Gunst bewarb, blieb ARD und ZDF nichts anderes übrig, als am 1. Januar 1997 mit einem öffentlich-rechtlichen Kinderkanal auf Sendung zu gehen. Neben etablierten Programmen wie Tabaluga tivi, Löwenzahn und der Sendung mit der Maus wurden hier Trickfilmklassiker wie Heidi, Biene Maja und Wicki und die starken Männer gezeigt. Auch die bekannten Astrid-Lindgren-Verfilmungen, das Leben der Schlümpfe und die Augsburger Puppenkiste konnten wir nun regelmäßig verfolgen.

## Der verhüllte Reichstag

„Wir verhüllen nicht nur ein Gebäude. Wir verhüllen die deutsche Angst, den deutschen Stolz, die deutsche Vergangenheit. Auch die Zukunft", bekannte das Künstlerpaar Christo und Jean-Claude. Nach jahrzehntelangen Bemühungen war es den beiden tatsächlich gelungen, die Genehmigung zu erhalten, den Reichstag in Berlin komplett zu verhüllen. Ein Triumph der Kunst über die Bürokratie. Und ein Medienspektakel ohnegleichen. Das Bild des verhüllten Reichstages in Berlin ging um die Welt und in die Geschichte ein.

*Eine Augenweide: Der Berliner Reichstag im Sommer 1995.*

## Die Ferien wurden kürzer

In der DDR hatten die Kinder noch acht lange Wochen Sommerferien. Jetzt waren es in der Regel sechs Ferienwochen im Sommer, die in jedem Bundesland zu unterschiedlicher Zeit begannen, damit es auf den Autobahnen nicht zu dem befürchteten Superstau kam. Bis zur Wendezeit hatten Millionen Schulkinder Jahr für Jahr einen Teil des Sommers im Ferienlager verbracht. Jetzt war das anders. Nur wenige von uns verbrachten zwei, manchmal drei Wochen im Kreis von Gleichaltrigen an der See oder im Gebirge. Die Organisation und Verwaltung der Ferienlager lag nicht mehr bei den Betrieben, sondern wurde nun von ehrenamtlich arbeitenden Vereinen oder privatwirtschaftlich organisiert. Die Plätze waren begrenzt und mitunter war die Teilnahmegebühr für die Eltern unbezahlbar. Gemeinsame Urlaubstrips mit unseren Eltern waren dagegen eher die Regel. Egal, ob ins

*Unvergesslich: Urlaub unter Palmen.*

*Urlaubsgruß von der Ostsee.*

ferne Mallorca, übers Wochenende an die Ostsee oder ins nächstgelegene Strandbad. Wir genossen jede Minute unserer Ferienzeit! An Regentagen lachten wir gemeinsam über die Simpsons oder Mr. Bean. Wenn Anfang September die Schule rief, hatten wir uns viel zu erzählen. Am ersten Schultag konnte es passieren, dass der eine oder andere Mitschüler fehlte und auch später nicht mehr auftauchte. Bald hieß es: „Roberts Familie ist nach Bayern verzogen." Oder: „Mandy ist mit ihrer Mutter in den Westen gegangen. Die sehen wir nicht wieder!"

*Brösel bei einer Autogrammstunde in Schwerin.*

*Werner Brösel live und als Comicfigur.*

## Zeit der Rekorde

Ein deutscher Zeichentrickfilm brach im Sommer 1996 alle Rekorde. „Werner – das muss kesseln!" brachte in abendfüllender Länge die von Rötger Feldmann alias Brösel geschaffene Comic-Figur auf die Leinwand. Mit typisch norddeutschem Dialekt und Sprachwitz lockte die Filmversion der Werner-Comics bereits am Startwochenende 1,1 Millionen Besucher in die Filmtheater. Das war das bis dahin beste Einspielergebnis in der deutschen Kinogeschichte! Rekordergebnisse erzielten auch die Fachhändler für Videospiele und Zubehör. Wir hatten die Qual der Wahl, ob wir unser kostbares Taschengeld für Sega Saturn, die Sony Playstation, Super Nintendo oder Mega Drive ausgeben sollten. Spannende Zeiten waren das und jedes neue SNES-Spiel wurde ausgiebig unter die Lupe genommen.

Auch die Kohlendioxidbelastung der Atmosphäre kletterte von Jahr zu Jahr auf eine neue Rekordmarke. Durch die Klimaschutzinitiative des Bundesumweltministeriums hörten wir in der Schule zum ersten Mal etwas über Gefahren der globalen Klimaveränderungen. „Mensch ändere dich!", hieß bereits damals die Devise. Wir kamen jetzt langsam, aber sicher ins Teenageralter. Und die Ersten von uns wuchsen ihren Eltern bereits über den Kopf. „Wie schlimm wird die nächste Teenager-Generation?", fragte die Zeitschrift TEMPO rund fünfhundert Schulsprecher an deutschen Gymnasien und Hauptschulen. Auf die Frage: „Gibt es Lehrer, die Ihnen leidtun?", antworteten 80 % der Befragten mit „Ja!".

*Wir wuchsen allen über den Kopf.*

## Jäger und Sammler

Die Abenteuer von Micky Maus und Fix und Foxi waren für uns jetzt passé. Spider-Man und Batman waren unsere neuen Helden. Die bunten Hefte gingen von Hand zu Hand. Die Welt der neuen Comics entfachte in vielen eine extreme Sammelleidenschaft. Um die im Handel angebotenen Sticker-Alben von Batman und seinen Widersachern Two-Face und Riddler zu füllen, mussten wir unser Taschengeld-Budget des Öfteren über Gebühr strapazieren.

Eine wahre Sammelleidenschaft entwickelten auch die Diddl-Fans. Das Studium der Diddls Sammelkiste wurde hier zur unumgänglichen Pflichtlektüre. Die Jäger und Sammler unter uns nutzten zuweilen auch die Unterrichtspausen, um ihre Sammlungen zu vervollständigen.

*Wo hab ich nur mein Sticker-Album gelassen?*

# Unser Weg ins Leben

1997-2001

## Das 15. bis 18. Lebensjahr

### Abschied von der Kindheit

Im Frühjahr wartete ein ganz besonderes Ereignis auf uns. Wir hatten nun ein Alter erreicht, um am Tag der Jugendweihe offiziell in den Kreis der Erwachsenen aufgenommen zu werden. Dass wir nicht mehr so richtig zu den Kindern gehörten, zeigte uns das gelegentliche „Sie", wenn uns wildfremde Menschen ansprachen. Wir wussten, nun würden uns bald auch die Lehrer mit „Sie" anreden. Doch ehe es so weit war und wir voller Stolz auf das bisher Erreichte zum Fest schreiten konnten, hieß es erst einmal, die Klamottenfrage zu klären. Schließlich wollten wir ja nicht wie die Greise auftreten. Andererseits waren Jeans und T-Shirt wohl eher nicht geeignet, oder? So wurden gemeinsam mit den Eltern endlose Seiten Versandhauskataloge gewälzt. Besuche bei diversen Bekleidungsgeschäften waren unumgänglich. Am Ende wurden die stressigen Bekleidungsfragen dank H&M, C&A und anderer Kaufhäuser zur Zufriedenheit aller gelöst.

*Im Lieblings-T-Shirt beim Gitarretraining.*

# Chronik

**6. September 1997**
Am Trauerzug für die tödlich verunglückte Lady Di nehmen in London drei Millionen Menschen teil.

**27. Juli 1997**
Jan Ullrich gewinnt als erster und einziger Deutscher die Tour de France. Er war mit 23 Jahren einer der jüngsten Sieger des härtesten Radrennens der Welt.

**1. Juni 1998**
Gründung der Europäischen Zentralbank.

**13. Juni 1998**
Das Gesetz über die Errichtung einer Stiftung zur Aufarbeitung der SED-Diktatur tritt in Kraft.

**9. November 1998**
Eröffnung des Informations- und Dokumentationszentrums der Bundesbeauftragten für die Stasi-Unterlagen in Berlin in Anwesenheit von Bundespräsident Roman Herzog.

**31. Dezember 1999**
Wladimir Putin wird neuer Präsident Russlands.

**17. Februar 2000**
Microsoft bringt sein Betriebssystem Windows 2000 auf den Markt.

**8. April 2000**
Einrichtung der ersten deutschen Babyklappe in Hamburg-Altona.

**1. Juni 2000**
Die Weltausstellung EXPO 2000 in Hannover wird eröffnet.

**1. Juli 2000**
Das Recht auf gewaltfreie Erziehung wird in Deutschland festgeschrieben.

**20. Januar 2001**
George W. Bush wird zum neuen Präsidenten der USA vereidigt.

**11. September 2001**
Terroranschläge auf das World Trade Center in New York und auf das Pentagon.

**20. Dezember 2001**
Der Grundwehrdienst in der deutschen Bundeswehr wird auf neun Monate verkürzt.

*Jugendweihefoto:*
*Mit stolzen Eltern und in feinem Zwirn.*

## Wir feiern Jugendweihe!

Der feierliche Moment war gekommen. Die Jugendweihe fand im großen, festlich geschmückten Saal statt. Das Fest war ein willkommener Anlass, eine große Familienfeier auszurichten. Großeltern, Tanten, Onkel, Cousins und Cousinen, Freunde und Nachbarn wurden eingeladen. Und so regnete es buchstäblich Geschenke, wobei Bargeld von uns am liebsten gesehen wurde.

Unsere Eltern hatte ihre Jugendweihe in der DDR anders gefeiert: Nach offiziellen Reden und dem Gelöbnis, in dem die Jugendlichen darauf eingeschworen wurden, „als treue Söhne und Töchter des Arbeiter- und Bauernstaates für ein glückliches Leben des gesamten deutschen Volkes zu arbeiten und zu kämpfen" und ihre „ganze Kraft für die große und edle Sache des Sozialismus einzusetzen", gab es damals für jeden neben der obli-

*Wir hatten viel Publikum im festlich geschmückten Saal.*

*Hoch soll'n sie leben – Jugendweihe im Kreis der Familie.*

gatorischen Jugendweihe-Urkunde das Buch „Der Sozialismus – Deine Welt". Die schwere 500-Seiten-Schwarte enthielt vor allem Staatspropaganda und wurde von den Beschenkten selten durchgeblättert und noch seltener gelesen. Das Buch, welches wir geschenkt bekamen, war ganz anders. Neben Wissenswertem aus Geschichte und Gegenwart des Bundeslandes, in dem wir lebten, hielt es auf Seite eins eine gänzlich andere Verpflichtung für uns bereit: „Wir sind nicht geboren worden, um gegeneinander zu leben, sondern um uns auf dieser Erde brüderlich die Hände zu reichen." Uns allen war bewusst, nun hatte ein neuer Lebensabschnitt begonnen. Wir waren keine Kinder mehr und würden bald die volle Verantwortung für unser Leben und Handeln übernehmen müssen.

### Die Jugendweihe

Die Jugendweihe ist keine DDR-Erfindung, sie entstand bereits im 19. Jahrhundert als Ersatzritual für kirchliche Feiern. In der Sowjetischen Besatzungszone wurde der Brauch ab 1946 wiederbelebt. Die SED beschloss 1954 die generelle Einführung der Jugendweihe in der DDR. Den Kirchen sollte so die Möglichkeit genommen werden, Jugendliche mittels Konfirmation oder Kommunion für sich zu gewinnen. Weil die Jugendweihe eng mit dem schulischen Leben verknüpft war, konnten und wollten sich die meisten Jugendlichen ihr kaum entziehen. Trotzdem gab es Verweigerer, meist aus religiösen oder politischen Motiven. Bereits in den 60er Jahren hatte sich die Jugendweihe als Familienfest etabliert, über 90 Prozent der Jugendlichen nahmen teil. Im Jahr 1997 nahmen fast 94 000 Jugendliche an der Jugendweihe teil, das war die höchste Teilnehmerzahl seit 1991. Auch Konfirmation und Kommunionsfeier hatten in den neuen Ländern wieder an Bedeutung gewonnen.

## Abschied von der DM

Kein Thema bewegte die Menschen in Deutschland jetzt so wie die oft kontroversen Diskussionen über die Einführung des Euro. Die Einführung der neuen Währung, die von den EU-Mitgliedsstaaten bereits 1991 vereinbart worden war, stand kurz bevor. Zwar

*Die neuen Euro-Scheine wurden bereits 1998 vorgestellt.*

konnten nicht alle europäischen Länder die Einführungskriterien erfüllen, aber neben Deutschland beteiligten sich zehn weitere EU-Staaten an der Währungsunion. Die neuen Münzen und Scheine sollten zwar erst ab dem 1. Januar 2002 eingeführt werden. Aber bereits am Silvestertag 1998 wurde der Umtauschkurs zwischen der DM und dem Euro festgesetzt. Er betrug 1,95583 DM für 1 Euro. Einzelhandel und Banken zeichneten die Preise nun immer häufiger sowohl in DM als auch in Euro aus, um uns Kunden allmählich an den Euro zu gewöhnen. Auf Preisschildern, Kassenbons und Kontoauszügen wurden immer mehr Beträge doppelt ausgewiesen. In vielen Geschäften, Hotels und Tankstellen konnte man Hinweisschilder lesen, die zum Bezahlen mit dem neuen Geld einluden: „Hier können Sie mit Euro bezahlen!"

Das konnte bis zur Einführung des neuen Bargelds am 1. Januar 2002 natürlich nur bargeldlos mit Euroscheck, EC-Karte oder Kreditkarte erfolgen. Doch der Abschied von unserer geliebten DM war damit eingeleitet.

## Glorreiche Titanic

Kein anderes Film-Liebespaar begeisterte das Kinopublikum in unserer Jugendzeit so überschwänglich wie Kate Winslet und Leonardo DiCaprio im Film „Titanic". Um die historisch belegte Schiffskatastrophe hatte Regisseur James Cameron eine romantische Liebesgeschichte gestrickt. Den sympathischen Hauptfiguren Jack und Rose konnte sich niemand entziehen. Dieser Film war der erste Hollywood-Welterfolg, der mehr als eine Milliarde Dollar einspielte. Viele von uns sahen den Streifen mehrere Male und auch die Film-Musik war überaus erfolgreich. Céline Dion sang den Titelsong „My Heart Will Go On", ein Ohrwurm, der bis heute nachhallt. Allein in Deutschland sahen den Spielfilm über 18 Millionen Kinobesucher, die DVD-Fassung des Films gehört in jede Heim-Videothek.

*Girl-Power war angesagt.*

## Jugendsprache und Dr. Sommer

Wie alle Jugendlichen vor uns liebten wir es, neue Wörter und Wendungen zu kreieren. Wir waren so fleißig dabei, dass die Jugendsprache in den 90er Jahren starken Veränderungen unterworfen wurde. Unsere Eltern verstanden oft nur noch Bahnhof, wenn wir im Freundeskreis zusammensaßen und mit flotten Sprüchen nur so um uns warfen. Feststellungen wie: „Das ist echt spacig!" „Du Hirni, lass das sein!" oder „Das war eine voll coole Vorstellung." waren Gift für die Ohren der Alten. In den Musik-TV-Sendern MTV und VIVA wurde unsere Sprache dagegen genauso verstanden und verbreitet wie in den viel gelesenen Jugendzeitschriften BRAVO, Mädchen, BRAVO Girl, Popcorn, Sugar, 16 und Yam. Die BRAVO war die älteste dieser Zeitschriften und hatte bereits unsere Eltern begeistert. Neben den bunten Star-Postern der beliebten Boygroups und Power-Girls punktete die BRAVO bei vielen durch die wöchentlich erscheinenden Dr.-Sommer-Geschichten. Wie vielen vor uns verdanken wir diesen Artikeln fast vollständig unsere sexuelle Aufklärung. Das Dr.-Sommer-Team ersparte uns viele oberpeinliche Gespräche mit Eltern und Erziehern. Bravo!

### Kurt Cobains Teen Spirit

Wie kein anderer Rock-Star hatten Kurt Cobain und sein Trio NIRVANA die 90er Jahre musikalisch geprägt. Obwohl der sensible Sänger und Songschreiber bereits im Jahr 1994 nach langen Depressionsphasen Selbstmord begangen hatte, dominierte seine Musik weiterhin unsere Jugendzeit. Kurt Cobain wurde durch seinen frühen Tod unsterblich. Heute steht er in einer Reihe mit den Rock-Legenden Janis Joplin, Jimi Hendrix und Jim Morrison. Die grandiosen NIRVANA-Alben „Nevermind", „In Utero" und „Unplugged in New York" waren für uns unverzichtbar. Es gab keine junge aufsteigende Schülerband damals, die sich nicht an Cobains „Smells Like Teen Spirit" versucht hätte.

*Kurt Cobain, das Vorbild.*

## Pop, Rock oder Techno?

Zu keiner Zeit herrschte musikalisch eine solch bunt schillernde Vielfalt wie in den 90er Jahren.

Alternative Rock und Brit-Pop, HipHop und Rap, Euro-Disco, Techno-Sounds und viele andere Subgenres buhlten parallel um unsere Aufmerksamkeit und Gunst. Da hatten wir des Öfteren die Qual der Wahl: Ob wir unser Taschengeld lieber für ein Ticket für Rock am Ring oder besser für eine Berlin-Fahrkarte zur Loveparade ausgeben sollten? Zum Glück gab es VIVA und MTV. Die Musiksender hatten damals die Klingeltonwerbung noch nicht erfunden und wir konnten uns musikalisch einen ersten guten Eindruck über all die unterschiedlichen Angebote der Szene machen. Auf der Schulfete probierten sich einige als House- oder Teckno-DJs aus, während andere erste musikalische Erfahrungen in einer Punk- oder Rockband sammelten. Erlaubt war alles, was gefiel. Es gab keinerlei Dogmen, und das war auch gut so! Ganz egal, ob Nirvana, Scooter oder DJ Ötzi, Hauptsache, auf dem Schulfest floss der Schweiß in Strömen.

*Beste Stimmung auf dem Rock-Festival.*

## Die Loveparade ruft!

Unter dem Motto „Friede, Freude, Eierkuchen" wurde am 1. Juli 1989 in Westberlin eine politische Demonstration angemeldet, an der rund 150 Techno-Fans teilnahmen. Mit Hilfe eines Generators und einer Sound-Anlage, die auf einem alten VW-Bus deponiert wurde, zogen die Teilnehmer der Loveparade über den Kurfürstendamm. Bereits wenige Jahre später war die Loveparade zu einer Massenveranstaltung mit bis zu 1,5 Millionen Teilnehmern gewachsen und lockte nun auch viele Techno-Fans unseres Jahrgangs immer wieder nach Berlin. Die Loveparade war jeden Sommer aufs Neue eine Reise wert.

Aber wichtig war, auch die richtigen, schrillen Techno-Klamotten zu besorgen, wenn man dabei sein wollte. Zur Techno-Grundausstattung gehörten neben Nylon-Shirts, Neopren-Jacken und Schlaghosen auch die unübersehbaren Buffalo Boots. Bereits die Spice Girls hatten für Aufsehen gesorgt, als sie Buffalos mit zehn Zentimeter hohen Sohlen zur Schau trugen. So richtig in die Höhe schossen schließlich die Techno-Fans auf der Loveparade mit diesen Schuhen. Die Plateausohlen der Buffalo Tower Boots erreichten nun extreme Höhen

*Im VW-Bus auf in die Ferien!*

*Bier und Fruchtsaft auf der House-Party.*

bis zu fünfzig Zentimetern. Einen Vorteil hatte der Balanceakt für die Besitzer. Mit diesen Tretern konnte einem auch im größten Techno-Gedränge niemand auf die Schuhspitzen treten.

Die Menschenmassen, die aus aller Welt anreisten, brachten schließlich selbst Berlin mit seiner gut ausgebauten Infrastruktur rund um den Berliner Tiergarten in arge Bedrängnis.

Nachdem im Jahr 2001 die Veranstaltung nicht mehr als politische Demonstration eingestuft wurde, mussten die Veranstalter selbst für die immensen Kosten aufkommen. Der Stern der Loveparade begann daraufhin zu sinken.

## Generation Praktikum

Wir saßen in unserem Lieblingscafé oder bei McDonald's und sprachen darüber, was sein würde, wenn unsere Schulzeit zu Ende ginge. Wir waren uns sicher, gebraucht zu werden. Wir machten ja alles richtig. Wir lernten Sprachen, gingen in den Ferien sogar ins Aus-

*Der Schuh für jede Techno-Party: Buffalo Tower Boots.*

land. Doch da verunsicherten uns Nachrichten aus den älteren Jahrgängen, dass es gar nicht so leicht sei, gleich eine Ausbildung oder einen Studienplatz zu bekommen. Das geflügelte Wort von der „Generation Praktikum" machte die Runde. An und für sich waren Praktika ja nichts Verkehrtes. Früher hießen sie oft Schnupperpraktika, weil es darum ging, einmal hineinzuriechen in einen Betrieb oder ein Büro, um herauszufinden, ob dieser oder jener Beruf zu uns passte oder nicht.

Mittlerweile sah die Sache aber ganz anders aus. Je mehr arbeitslose junge Akademiker sich auf dem Arbeitsmarkt tummelten, desto lieber stellten die Unternehmen jetzt Praktikanten ein, die für wenig Geld oder gar kein Geld professionelle Arbeiten verrichten sollten. So war zwischen Ausbildung und Beruf eine mitunter mehrere Jahre währende Dauerpraktikantenschaft getreten.

Das waren ja tolle Aussichten! Da konnte uns nur ein doppelter Big Mac wieder die gute Laune zurückbringen.

*Generation Praktikum live – hier als Parkplatzaufseher.*

## Abschied vom alten Jahrtausend

Silvester wurde schon immer gefeiert. Aber diesmal war alles anders. Das alte Jahrtausend sollte verabschiedet werden, da musste alles ein wenig größer ausfallen als bisher. Und mal ehrlich, wann hatte man schon einmal das Glück, von einem Jahrtausend in das nächste zu feiern? Umso größer war die Vorfreude auf dieses historische Datum. Und so gab es gigantische „Millennium-Feiern" am Silvestertag des Jahres 1999 nicht nur in den großen

*So ein Big Mac bringt 'ne ganze Menge Arbeit.*

*Frisch verliebt.*

Städten, sondern auch auf jedem Kuhdorf. Der Begriff „Millennium" wurde bereits Monate vorher so oft umgangssprachlich für die Jahrtausendwende gebraucht, dass er als Wort des Jahres 1999 ausgezeichnet wurde. Nach dem gültigen Gregorianischen Kalender fand dieses Ereignis jedoch erst in der Silvesternacht vom 31. Dezember 2000 auf den 1. Januar 2001 statt. Aber das interessierte damals niemanden!

*Am frühen Morgen des 11. September schien die Welt noch in Ordnung.*

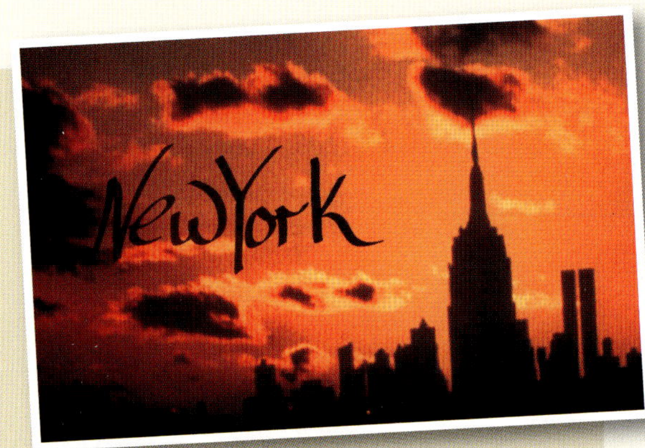


## Volljährig im Terrorjahr

Im Jahr 2001 wurden wir volljährig. Eigentlich sollten wir es deshalb als besonderes Jahr positiv in unserem Gedächtnis behalten. Doch die Terroranschläge vom 11. September 2001 warfen einen dunklen Schatten auf dieses Jahr und prägen nach wie vor die Erinnerung daran. Sie waren symbolträchtig und folgenreich für die weitere globale Zukunft. Die Fernsehbilder der durch die Terrororganisation Al-Qaida ausgeführten Attentate mit Verkehrsflugzeugen, die die Türme des World Trade Centers in New York City und Gebäude des Pentagon in Virginia zerstörten, überdeckten alle anderen Ereignisse dieses Jahres und wirken bis heute nach. Über 3000 Menschen verloren ihr Leben bei einem sinnlosen Gewaltakt, der neue Kriege und viele weitere Opfer nach sich ziehen sollte.

Privat brachte unsere Volljährigkeit eine Menge Vorteile. Endlich hatten wir keinerlei Probleme mehr, an den Türstehern der Clubs und Discotheken vorbeizumarschieren. Endlich konnten wir selbst Auto fahren, waren nicht mehr auf fremde Hilfe angewiesen, um von einem Ort zum anderen zu gelangen oder ein Sixpack Bier für die Party zu besorgen. Mobilität war für unsere weitere Entwicklung genauso wichtig wie ein gutes Schulzeugnis. Die Volljährigkeit brachte auch Veränderungen mit sich, an die wir anfangs gar nicht im Traum gedacht hatten. Plötzlich war unser Briefkasten voll mit „amtlichen" Schreiben von Krankenkasse, Kindergeldstelle, Ämtern und Versicherungen. Nun merkten wir, wie viel Papierkrieg unsere Eltern uns bisher abgenommen hatten.

## Was bringt die Zukunft?

Für viele unseres Jahrgangs lag der letzte Schultag noch weit nach der Vollendung unseres 18. Lebensjahres. Eine Bildungsreform, die nur noch als bloße Verlängerung der Ausbildungsdauer verstanden wurde und die zeitliche Verlängerung des Abiturunterrichts auf 13 Jahre zur Folge hatte, war die Ursache dafür. Weshalb unsere Abiturausbildung auf einmal dreizehn Jahre dauern sollte wie in den alten Bundesländern, verstanden weder wir noch unsere Eltern.

Auch Bundespräsident Roman Herzog hatte bei seiner aufsehenerregenden „Berliner Rede“ am 26. April 1997 kein Verständnis dafür. Er sagte: „Wie kommt es, dass die leistungsfähigsten Nationen in der Welt es schaffen, ihre Kinder die Schulen mit 17 und die Hochschulen mit 24 abschließen zu lassen? Es sind – wohlgemerkt – gerade diese Länder, die auf dem Weltmarkt der Bildung am attraktivsten sind. Warum soll nicht auch in Deutschland ein Abitur in zwölf Jahren zu machen sein? Für mich persönlich sind die Jahre, die unseren jungen Leuten bisher verloren gehen, gestohlene Lebenszeit.“ Herzogs in dieser Rede gewählte Formulierung „durch Deutschland muss ein Ruck gehen“ ließ die Ansprache als Ruck-Rede in die Geschichte eingehen. Auf diesen Ruck warten wir allerdings noch heute.

Vor dem Eintritt in das Berufsleben hatten wir deshalb genügend Zeit, über Fragen unserer Zukunft ausführlich zu diskutieren. Wogen die grenzenlosen Möglichkeiten, die uns als erster ostdeutscher Generation zur Verfügung standen, nicht all die vorhandenen und wachsenden existenziellen Verunsicherungen auf? Schien uns unsere Zukunft nicht immer noch grenzenlos? Der kalte Wind der Globalisierung blies auch Deutschland bereits kräftig ins Gesicht. Mit Fleiß, Durchhaltevermögen und Weitblick waren wir bereit, die kommenden Stürme des Lebens zu bewältigen.

*Zugabe: Das Abiturzeugnis gab's erst mit 19 Jahren.*

*Welcher Weg ist der richtige?*